Les Mots d'Arletty

— Les Mots —
d'Arletty

Recueillis et présentés
par
CLAUDINE BRECOURT-VILLARS

▪ FANVAL ▪

Photo de la couverture : © Raymond Voinquel.
Portrait pris en marge
du film « Le Portrait d'un assassin ».

ISBN : 2-86928-202-8

« Cette froide fantaisie à son propos ne consent à aucun procédé qu'elle n'ait inventé elle-même. »

Colette.

Ma reconnaissance va en premier lieu à Arletty, si constamment, si gentiment, si patiemment prête à dire, à redire ou à compléter ce que je lui demandais.

Je remercie également, tout particulièrement, Dominique Marcas, Renée Lebas, Roger de la Chavonnery, Jean Kisling et tous ceux qui ont facilité la réalisation de cet ouvrage en mettant à ma disposition souvenirs ou documents. Je pense en particulier à ceux qui ont organisé le Festival Arletty *du Centre Culturel de la Mairie de Courbevoie du 20 avril au 15 juin 1988 : Paulette Andrieux, Maryse Sézanne, Catherine Jamin, Françoise Lepetit, Benoît Retel.*

Avant-Propos

Quelle gageure de vouloir parler d'Arletty quand on découvre son propre talent à se dire et à restituer la mémoire de ceux qui ont croisé sa vie. Son ami Henri Jeanson le pressentit mieux que quiconque : « Comme Colette, elle a inventé son style et s'est trouvée sans se chercher ».

Le rire d'Arletty et ses répliques ont fait le tour du monde. Ses « mots » sont devenus célèbres, aussi caustiques que ceux que lui prêtèrent Prévert, Rip et Jeanson, justement. On lui en attribue d'autres, mais elle les refuse sans concession, ajoutant avec une pointe de malice qu'on ne prête toujours qu'aux riches, naturellement!

Rassembler ses mots, les rassembler dans leur cohérence, leur intégrité, à la manière d'un petit dictionnaire de fantaisie, nous est finalement apparu comme la seule manière de restituer l'essentielle originalité d'Arletty. Réservoir de sagesse, ces mots dévoilent ainsi avec tendresse et drôlerie, non seulement les modes de pensée et de vie de ces dernières décennies, mais les nôtres mêmes. Sa gaieté et sa curiosité native ne la quittent point, en effet : « A mon âge, dit-elle, il faut encore regarder devant soi. Il faut qu'il y ait des coups de tonnerre qui fassent rire ».

A

Académie Française

Comment les Académiciens peuvent-ils se regarder sans rire? Est-ce que ça rapporte quelque chose l'Académie, Messieurs? Pour Pagnol, c'était une jouvence. Jean Cocteau semblait y offrir son discours au seul Jean Genêt placé à la tribune. Mon meilleur ami de la maison était Pierre Benoit.

Accent

Je ne peux supporter le faux accent parisien, c'est physique. Pour prendre tous les accents, il faut être musicien, il faut de l'oreille. Ce qui reste des monstres sacrés, ce sont les intonations. Regardez, par exemple, comment un grand acteur comme Raimu quittait son accent. Dranem traînait celui des enfants rouges et Carette, celui des Batignolles.

Accompagnée (à propos d'une actrice célèbre)

Ah! oui, elle est belle, elle est comestible par le ton, par le timbre, la bonne voix. Mais cette poule-là, elle est jamais seule, elle est avec sa connerie, elles sont toujours deux. Si vous l'invitez, mettez un couvert de plus!

Acte de naissance

Le 12 novembre 1966, à 20 heures, je m'allonge sur la table d'opération. Je ne me réveille pas. Mes extrémités, pieds et mains sont déjà bleus. On fait venir le bloc *Cara* de l'hôpital Laënnec. Ce n'est que vers 5 heures du matin qu'on peut me ranimer. Mon nouvel acte de naissance : dimanche 13 novembre 1966.

Acteurs

J'ai dit, c'est peut-être un peu féroce, que les acteurs d'aujourd'hui se fréquentent à hauteur de compte en banque. Et je crois que c'est vrai, l'argent les a rendus ridicules. Moi, j'ai été, je peux le dire, la plus payée de mon pays pendant quelques mois. Mais c'était pas à se vanter, parce que ça ne changeait rien. Je n'avais pas plus de qualités parce qu'on me payait plus cher que je n'en avais dix ans auparavant à jouer dans des revues. La base de notre métier, c'est la philosophie.

(Voir aussi *Artistes* et *Cinglés*.)

Adam et Ève : voir *Capri*.

Admirer

J'ai toujours aimé admirer les gens, les animaux, la nature, la musique, un tableau. J'aime ceux qui admirent. Et puis l'admiration, au moins, c'est gratuit.

Adolescence

J'attendais la vie avec le sourire, sans ambition et tout ça. J'observais sans espoir.

Age

Cacher son âge, c'est supprimer ses souvenirs.

Aggripine : voir *Gymnastique*.

Américains

Ils sont tous bien lavés, bien rasés, bien astiqués. Y a pas à dire, c'est les rois de la savonnette!

Amertume

L'amertume, c'est comme la haine : je ne connais pas ces sentiments.

Amitié

Il y a les relations et les amis. On nous a donné dix doigts, est-ce vraiment pour avoir dix amis? Avec une main, on compte les doigts de l'autre main... En amitié, je suis très fidèle, plutôt : « voyage à la Santé qu'oranges à l'hôpital ». C'est dans une grande épreuve qu'on fait le point de l'amitié. Et pour en savoir le prix, se poser la question : « Si je la perdais? ».

Amour

L'amour avec de la folie, engageant ma tête à couper, ma situation? Oui, ça m'est arrivé. Deux fois. Pierre Louÿs définissait l'amour comme « le désir d'être tout pour un être humain ». Il a tout trouvé ce gars-là. Vous pouvez dire que là-dessus je suis « en carte » avec lui. Mais j'ajouterai que l'amour peut se passer d'estime, l'amitié pas.

Ange bleu

Ce n'est pas la beauté de Marlène Dietrich qui est érotique, mais l'idée qu'elle va faire déchoir Emil Jannings.

Anar

Je suis une anar, une anar terrible... Contre moi-même parfois! Inscrite à aucun parti, je n'ai jamais voté. A-t-on déjà entendu un électeur s'écrier : « Dire que j'ai voté pour ce con-là! »

Anna de Noailles : voir *Van Dongen*.

Annonce

« Vieille dame demande jeune lectrice. » Je me présente rue Tronchet. C'est un vieillard dans le plus simple appareil qui vient m'ouvrir la porte. Je cours encore.

Anomalies

Une de mes anomalies : trente paires de chaussures, deux paires de draps!

Anti : voir *Ni-Ni-Ni*.

Anticipation

Garance * remet aux policiers, venus pour l'arrêter, la carte du comte de Métray : « Voulez-vous faire savoir à cette personne

* Son célèbre rôle dans les *Enfants du Paradis* de Marcel Carné.

que je suis victime d'une erreur judiciaire ». Dans *Hôtel du Nord*, également, lorsque je monte dans le panier à salade en m'esclaffant : « Pour une belle prise, c'est une belle prise! ».

Apollinaire : voir *Marie Laurencin*.

Apprentissage

J'ai appris par la vue, par le mouvement, en allant voir les grands films. Les acteurs américains avaient une très grande aisance à l'époque. Ils dominaient. Depuis, nous avons fait des progrès, mais à ce moment-là, ils étaient supérieurs. A deux ans, ils savaient déjà ce qu'était le cinéma, ces gens-là. Cela ne veut pas dire qu'ils aient plus de talent que les autres, d'ailleurs.

Quand on vous apprend ce métier par les pieds, on vous apporte d'abord une petite scène et puis ça monte, monte au fil des années. Je crois, en effet, que l'on apprend en marchant sur scène; ça marche, ça danse, ce métier-là. Regardez, je n'ai connu Brigitte Bardot que par ses films, mais enlevez-lui la danse et il n'est pas sûr qu'il reste B.B.

Je n'ai pas eu d'école, pas de maîtres. J'aurais peut-être aimé. J'ai appris par les planches et les revues de Rip. J'aurais mis tout ce qui est de mon métier dans ce qui est de parler. Je ne suis pas de ces comédiens qui pleurent. L'émotion doit venir dans le verbe, pas dans les larmes. Il faut aussi se dépouiller le plus possible. C'est le dépouillement qui fait la valeur d'un acteur. Le jeu est une science intime, particulière. Il y a également l'âme. Il ne faut pas oublier l'âme. Je crois que ça vient de l'intellignece et d'un sens artistique, auditif, musical. Des gens comme Jeanson et Prévert avaient trouvé la musique des acteurs. Ils avaient trouvé le ton. Un cul-de-jatte aurait eu la voix de Raimu, il aurait eu du succès.

(Voir aussi *Conseils à une débutante* et *Métier*.)

Après l'amour

L'Allemande : « Vous allez me mépriser. »

La Russe : « Vous avez eu mon corps, vous n'avez pas eu mon âme. »

L'Américaine : « A qui ai-je l'honneur? »

La Française : « Où allons-nous déjeuner? »

Argent : voir *Acteurs, Petit truc bleu* et *Pognon*.

Argot

Tout le monde peut le pratiquer avec un bon dictionnaire en main. Pour ma part, je préfère les images, avec un peu de poésie. J'apprécie, bien sûr, le mot d'argot bien placé, mais rien ne vaut une expression imagée, bien venue. Je suis contre les propos baveux.

Arletty : voir *Victoire de la Marne*.

Armée du Salut : voir *Uniforme*.

Artiste

Être artiste, c'est l'infini... ça s'ajoute au professionnalisme. Il y a des gens qui ont 20/20, mais qui ne sont pas des artistes.

Athée

En taule, une jeune religieuse a voulu me rapprocher de Dieu. Je lui ai répondu que nous nous étions connus et que ça n'avait pas marché.

Voltaire a dit : « Je suis athée, Dieu merci ». Moi, je suis née athée, mais j'ai été élevée dans la religion et je respecte tous ceux, comme dit Prévert, « qui croient qu'ils croient ».

Atmosphère *

Le mot a l'air sorti d'un chapeau de prestidigitateur. C'est le même dans toutes les langues. Je ne peux plus le dire ou l'entendre. D'ailleurs, il ne m'appartient plus. Il appartient au public et je sais que dans la bouche de beaucoup d'inconnus, il est le gage de leur amitié.

Quand j'ai relu un peu plus tard le roman d'Eugène Dabit dont le film est tiré, j'ai vu que ce mot n'y était pas cité une seule fois. Ce fut une pure invention de Jeanson. Une trouvaille de poète.

Athènes

Le Parthénon, bâti par les dieux, pour les dieux, fait corps avec le ciel. Si après un cataclysme, il ne devait rester qu'un monument au monde, je choisirais celui-là.

Auvergnats

J'ai beaucoup d'admiration pour les Auvergnats. Ils sont fortiches, c'est la vraie France. Les Auvergnats du Puy-de-Dôme, les vrais, n'admettent que ceux-là. Y a eu Vercingétorix pour commencer, puis Pascal – si j'avais eu un fils, je lui aurais donné ce nom, par admiration. Après, ça fout un petit peu le camp : c'est gentil Chamfort, mais enfin... Et puis, après, Couthon et Fernand Raynaud; ça compte Fernand Raynaud. Quel talent! Moi, je pourrais faire quelque chose pour lui, je le mettrais entre

* La réplique la plus fameuse d'*Hôtel du Nord* : « Atmosphère, mais je te défends d'employer des gros mots. Atmosphère toi-même... Atmosphère, atmosphère! Est-ce que j'ai une gueule d'atmosphère? »

Vercingétorix et Desaix. Quand on entend ses enregistrements, on se dit : « Ce que c'est construit, les autres ne sont rien à côté! ». Il avait de la musique en lui ce type-là. *Le Procès* de Kafka, c'est Alexandre Vialatte qui l'a découvert et traduit le premier.

Ah! Les Auvergnats, toujours à la pointe. Ce sont des orgueilleux, ça me plaît ça. Pas vaniteux, ça non, la vanité ça ne va pas avec eux. On les dit aussi avares, mais ils sont plus économes qu'avares.

Azor *

J'adore ta bobine Azor, ce sont mes débuts aux Bouffes. Il y avait Koval et Gabaroche qui faisait Azor. Il se déguisait en chien avec des grandes oreilles, c'était excellent. Il y avait aussi Marnac qui entrait en scène avant moi et jouait la femme de grand luxe. Là, j'ai eu un accident de théâtre irrésistible. Il se trouvait que je m'étais fait créer une coiffure par Antoine. La Marnac, qui allait également chez lui, s'était fait faire la même, mais, vous savez, quelques jours après la générale... Ma réplique en entrant en scène était : « Mais, elle m'a volé ma robe! ». Alors là, j'ai pris un grand temps et j'ai ajouté : « Et ma coiffure! » L'orchestre était plié en deux. Cariven en a lâché sa baguette! Et le lendemain, naturellement, Marnac changeait de coiffure...

Avarice : voir *Défauts*.

Aveu (de Christian-Jacque)

– J'ai été amoureux de vous.
– Et vous me dites ça maintenant qu'on ne peut plus s'en servir?

* Opérette en trois actes aux *Bouffes Parisiens* en 1932.

B

Bataille-souvenir

Après la Grande Guerre, les anciens combattants se réunissaient à Puteaux autour d'un verre. Chacun y allait de sa « bataille-souvenir » :

– Moi, j'étais à Éparges.
– Moi, au chemin des Dames.
– Moi, à la cote 304.
– Moi, au Bois-le-Prêtre.

Etc... Un seul n'étalait pas ses performances.
Les autres le questionnent :
– Eh ben, et toi, Pierrot, t'étais où?
Pierrot, supérieur :
– Moi, j' suis mort à Verdun.

Bathiat (Léonie)

J'aurais dû, peut-être, toujours m'appeler Léonie Bathiat. J'était très fière de mon nom. J'aime beaucoup, les « A » – la veine des arts. Talma et Sacha en avaient deux. Sarah Bernhardt, trois. Et puis, y a sept lettres dans Bathiat. J'adore le chiffre 7.

Baudelaire (Charles)

Je me fais lire du Baudelaire tous les jours. Il a écrit des trucs très curieux. Par exemple : « Aimer une femme intelligente (à supposer que cela existe), c'est de la pédérastie ». C'est dans *Mon cœur mis à nu*.

Beauté

La beauté, ça ne veut rien dire. Ce qui compte, c'est séduire, avoir de l'esprit, du charme. La beauté ça passe, pourquoi se cramponner?

(Voir aussi *Garbo* et *Secret de jouvence*.)

Belle Époque

Je voudrais bien savoir quel est le type qui, le premier, a lancé cette expression!

Belle Poule : voir *Van Dongen*.

Ben-Hur : voir *Hommes*.

Bizarre

C'est bizarre, on entend souvent dire : « Ma fille a pris le voile » et rarement : « Ma fille a pris le peignoir ».

Blanchar (Pierre) : voir *Un otage*.

Blanchette Brunoy

Je l'ai beaucoup connue. Elle joue admirablement. Elle est simple : une fraîcheur avec son âme.

Blinder son cœur

J'ai blindé mon cœur, j'avais cinq ans. Vous pouvez me battre, ça ne me fera rien. Je ne connais ni la haine, ni la rancune. C'est présomptueux de se venger : la vie est là, tellement plus forte! Si on fait quelque chose à mes amis, je ne le pardonne pas. La grande amitié, c'est très grave, on risque sa vie, mais vous savez, ce qu'on me fait à moi... D'ailleurs, on ne peut pas m'atteindre.

Bob et Moi *

Je faisais la duchesse de Montgomerry. J'étais habillée par Patou, merveilleusement habillée; ça comptait terriblement. Ce n'était pas des chienlits, les bonnes femmes, et c'était une partie du succès du spectacle, comme les grands décorateurs. Il y a eu aussi Cassandre et un peu plus tard Paul Colin, puis les chaussures de Perugia. C'était encore mes débuts, mais alors là, je ne me voyais pas revenir à un autre boulot, j'était accrochée!

Bon Dieu

Il y a une phrase que je ne peux admettre : « le bon Dieu te punira! » Comment un être « bon » peut-il punir?

* Au *Théâtre Michel* en 1924.

Bonheur

On emploie toujours beaucoup trop le mot bonheur. Je n'ai jamais dit une seule fois de ma vie : « Je suis heureuse. » Par superstition, je ne l'aurais jamais dit ou avoué.

Bourgeois

Il n'y a pas de classe bourgeoise. Il y a des bourgeois dans toutes les classes. Je m'en rapporte à Flaubert : « j'appelle bourgeois celui qui pense bassement ». En y mettant un peu de fantaisie, j'ai toujours dit que les plus rigolos dans le genre, ce sont ceux qui jouent aux fauchés dans la journée et qui, le soir, rentrent leur Rolls au garage...

Braque (Georges)

Il était superbe, le plus beau des peintres! Il avait avec moi un petit côté banlieusard. Il était d'Argenteuil, moi de Courbevoie. Dans un film de 1949, je joue son modèle. Je me suis drapée comme il le voulait. Il m'a dit : « Ingresque, un peu... ».

Brigitte Bardot

Elle a changé le canon de la beauté. Avant elle, les stars descendaient les escaliers, empanachées. Elle les montait, nue. Le public y a gagné.

(Voir aussi : *Apprentissage*.)

Buster Keaton

Un authentique mime. J'ai eu la chance de le voir à Médrano : plus émouvant encore que dans ses films.

C

Capri

Les retraites faites par Gorki et Fersen et la villa d'Axel Munthe ne lui apportent rien. L'île se suffit à elle-même. La vapeur qui l'enveloppe vous enivre. Un paradis terrestre où, comme plus tard dans *Huis-Clos*, « l'enfer, c'est les autres ». Le rêve pour Adam et Ève!

Cassive (Armande) *

Un jour, Cassive vient rendre visite à Sacha (Guitry). Il la félicite de sa beauté, de sa jeunesse, de son dynamisme. Alors, elle jette sa cloche au milieu du salon – c'était la mode des chapeaux cloches – se plante devant lui et lui dit (et avec quelle intonation) : « Et pas un cheveu blanc. Toujours teinte! »

Catégories

On peut s'amuser à répartir les gens en deux catégories : les P.M. (Porte-Malheur) et les P.B. (Porte-Bonheur). Quand je

* Commédienne, 1873-1940.

dis : « C'est un P.M., ce gars-là », c'est empirique. Les P.M., souvent, on les voit venir, mais, c'est humain, par masochisme peut-être, on veut se rendre compte jusqu'où ils peuvent aller. C'est un côté vicieux qui nous pousse à cette curiosité-là.

Cécile Sorel

Au comité d'épuration, Cécile passe. On lui dit :

– Madame Sorel, la doyenne de la Comédie Française, une des plus grandes actrices. En Amérique, partout, vous allez en ambassadrice... Comment avez-vous pu vous faire photographier avec 200 ennemis?

– Fallait pas les laisser entrer!

Céline (Louis-Ferdinand)

Un grand poète. Il y a lui et tous les autres. Céline, c'est l'image. Le plus grand choc littéraire de ma vie a été : *Le Voyage au bout de la nuit*.

C'est lui qui a cherché à me rencontrer. Je refusais de connaître les grands écrivains. Il est venu chez moi, Quai Conti. Je travaillais avec Le Vigan. Il est venu par lui, bien après *Le voyage*. Il allait partir pour Sigmaringen. Il est devenu rapidement mon ami. C'était en somme le frère spirituel que j'aurais aimé avoir. Il vivait « gauche ». Il n'avait pas de besoins. Sur sa table de travail, du thé, des gâteaux secs, du miel. Il aimait la grâce : un amoureux de la danse.

Il était merveilleux. C'était un « démonteur d'âmes ». On ne pouvait pas ruser avec lui. Et puis, c'était un beau type : des yeux bleus magnifiques, un très beau regard, des mains superbes et expressives, complétées par son écriture. Nous sommes tous les deux de Courbevoie, il y a aussi ça. Il n'appelait pas la familiarité et ne parlait pas du tout l'argot, mais au contraire, un français châtié. D'ailleurs, il n'était pas très bavard et il faisait comprendre quand il fallait partir.

Il me téléphonait quand il voulait. Je ne l'appelais jamais. Tous ces types célèbres, je les appelle pas. Il tenait beaucoup à son titre de médecin. Il prophétisait par diagnostic. *Le Voyage au bout de la nuit*, c'est un diagnostic, mais aussi une géniale prophétie. On a dit que c'était le livre de chevet de Trotsky.

A son retour du Danemark, il m'a appelée. Quand on lui a proposé Meudon, ça l'a attiré : médecin, Meudon, il a sauté là-dessus à cause de Rabelais. Il aimait la solitude, les types bizarres, les phénomènes. Le Vigan, c'était son Dieu dans la fantaisie. Il avait aussi besoin d'une présence féminine.

Mais, à mon avis, il vaudrait mieux ne rien savoir sur les génies.

A sa mort, on a mis son corps dans un caveau provisoire. A l'inhumation définitive, un chat roux s'est installé près du cercueil pendant la cérémonie. Un jeune enfant arrosait les fleurs près d'une tombe voisine; un houx poussait à côté. Ce qu'il eût souhaité : l'enfant, l'animal, l'arbuste. J'ai jeté sur sa tombe un peu de terre de Courbevoie.

Cerveau

Le cerveau est une cinémathèque permanente. Nous disposons de milliers de kilomètres de films que nous projetons à notre fantaisie en noir et blanc, en couleur, en relief.

Chacun le sien

Gabin et moi avons été en même « en-carte ». Il a eu sa Prussienne. Moi j'ai eu mon Prussien.

Chanteurs engagés

Aux chanteurs « engagés », qui pensent à gauche et vivent à droite, je préfère les « dégagés »!

Charles VII : voir *Peinture.*

Charme : voir *Beauté.*

Chien qui rapporte (Un) *

Ce fut un film honorable. Ce qui m'a frappée, c'est la mort du petit chien. Le pauvre était presque aveugle, il avait mangé beaucoup de sucres, parce qu'il faisait des numéros le matin avant de travailler. Il avait un petit fusil, un petit képi et il répétait. Vous vous rendez compte! Je me dis qu'il devrait y avoir la Sécurité sociale pour ces chiens-là. Pas les chiens-chiens à leur mémère, je ne peux pas les blairer. D'ailleurs quand j'en rencontre, je pense toujours à ça.

Chômage : voir *Vrais problèmes*

Cimetières : Voir *Liberté, Égalité, Fraternité.*

Cinéma

Toutes mes amies ont fait du muet. Moi, je ne voulais pas. C'était drôle, le muet. Les acteurs disaient n'importe quoi : « Salope, va te faire enc... ». Et puis un jour, il y a eu trois cents sourds-muets dans une salle. Ils lisaient sur les lèvres. Alors, vous imaginez le scandale! Après, les acteurs ont été obligés d'apprendre leur texte. A l'arrivée du parlant, on a fait appel à des comédiens. Mais un acteur, aussi grand soit-il, est toujours tributaire du texte qu'on lui donne.

* De Jean Choux, 1931.

Cinglés

Aujourd'hui, ça manque de cinglés dans notre métier. Les derniers, c'étaient Fréhel, Jules Berry, Le Vigan, Lilian Harvey... et Maud Loty dont les dons comiques étaient extraordinaires et qui a été la reine des boulevards. Oui, ça manque de fous. Or, notre métier, c'est fait de folie. De tous temps. Ce Brécourt, au XVIIe, quel acteur insensé! Il faisait des dettes, il allait en tôle, on l'en tirait le soir pour jouer, avec des gendarmes en coulisse, puis on le remettait en prison. Et Molière, le plus grand, qui se lança dans l'aventure sur les routes pendant vingt ans avant d'être célèbre. C'était comme ça, autrefois, même à l'époque de Rip.

Circonstances atténuantes *

On a tourné ce film en quinze jours. Mirande et Boyer s'étaient inspirés d'un roman épatant **. Tout le monde était bien là-dedans. Dorville, gentil camarade, dont ce fut la dernière apparition... Suzanne Dantès, irrésistible. Et Michel (Simon) dans le Sentencier. Je me suis beaucoup amusée. On s'amuse dans ces films faits vite, où l'on sent le bonheur de la réussite. Tout Paris répétait le « pas folle, la guêpe! » de Marie-qu'a-d' ça. Le film aurait dû s'appeler comme la nouvelle : *Marie-qu'a-d' ça.*

Classe

La classe, c'est de garder de la tenue en toute circonstance.

* Réalisation : Jean Boyer; dialogues Yves Mirande, 1939.
** *A l'héritage,* de Marcel Arnac.

Clocharde

J'aurais pu être clocharde : ne penser à rien, aucun effort à faire. Quand je vous dis que je suis paresseuse...

Cœur

Mon cœur est français, mon cul est international * : une trouvaille de Jeanson. Il me l'a offerte : merci Henri! **

Colette

C'est une des deux femmes, avec Marie Laurencin, que j'ai le plus admirée. Un bel écrivain, qui m'en imposait. Céline me disait : « Colette, c'est un monsieur. »

Pendant trente ans, j'ai parcouru la scène sans quitter la capitale. J'ai fait une exception à la mort de Colette. Son mari est venu me trouver pour me demander de jouer *Gigi* en tournée ***. « Comment, ai-je dit, pour Madame Colette? Mais tout de suite! ». Je l'ai fait pour elle. Colette méritait bien le déplacement, elle qui avait su si bien mettre à jour l'arsenal féminin. Ses yeux déshabilleurs d'âme, on ne pouvait rien leur cacher.

Comédienne

Si on me demande qui je suis, je réponds : « Je suis comédienne. » C'est plus joli qu'actrice. Dans « actrice », il y a « acte ». Ce n'est pas poétique du tout.

* Au comité d'épuration.
** Voir aussi Henri Jeanson.
*** Avec les *Tournées Karsenty*, saison 1954-1955.

Compagnon

J'ai un côté démodé comme les compagnons d'autrefois. Pour moi, les camarades, c'est sacré. J'ai presque toujours admiré les gens avec qui j'ai travaillé.

Concurrence

Aujourd'hui, y a plus que les voitures sur les trottoirs : les péripatéticiennes ont de la concurrence!

Condamné à vivre

On dit rarement « condamné à vivre » : c'est souvent plus grave qu'une condamnation à mort.

Conscience pure : voir *Interview*.

Conseils à une débutante

Pour moi, le meilleur comédien, c'est celui qui sait écouter et servir son partenaire; ça c'est la classe dans le métier! Je dirai aussi qu'il faut d'abord faire de la danse pour dénicher la grâce. Ne demandez pas comment on fait naturel. Il faut vous foutre de l'opinion des gens, c'est une excellente façon de l'être. Animer un personnage de fantaisie, c'est comme animer une poupée. Il gît là, sans vie, ou plutôt attendant la vie qu'on va lui donner.

(Voir aussi : *Apprentissage* et *Métier*.)

Constantinople

D'un côté l'Asie, de l'autre l'Europe. L'émerveillement dépasse ce qu'en ont dit Loti et Farrère.

Côté chiqué

Je vois assez vite le côté chiqué des gens. Je ne suis touchée que par les cœurs simples, les gens authentiques.

Couleurs (celles que j'aime)

Les teintes pastel, qui adoucissent. Le blanc, une couleur qui n'en est pas une, le bleu évanoui, qu'on trouve au lever du jour et qui était la couleur de la porte de ma maison à Belle-Ile. Le rose évanoui aussi. Savez-vous qu'au XVIIIe siècle, les femmes vêtues de rose ne se maquillaient pas? Moi, je porte du blanc, parce que ça va avec tout, mais le blanc n'embellit pas tout. D'ailleurs, on chante *La Vie en rose*, on ne chante pas *La Vie en blanc*!

Courbevoie

J'ai fait mes premiers pas « chez nous », à Courbevoie, 33, rue de Paris, dans un rez-de-chaussée sombre, sur cour, éclairé par le sourire de mes parents.

Couturiers

Alaïa

C'est un ami d'il y a 30 ans. Aujourd'hui, c'est le tout dernier à la mode, il fait tout.

Balanciaga

Cet habilleur d'infantes ne pouvait pas descendre dans la rue. Mais dans chaque collection, il signait entièrement un tailleur, le réalisant de la coupe au dernier bouton...

Cardin

Ce type a une démarche, une chevauchée extraordinaire. Je l'ai rencontré par hasard dans la rue. Je croyais que c'était un grand danseur. Je l'ai suivi comme on suit un bonhomme, par goût artistique, comme un peintre qui aurait demandé : « Monsieur, puis-je vous demander de venir poser chez moi? ». Voyez, exactement comme ça. Pas autrement du tout. Il a beaucoup de charme, le charme vénitien. Il est authentique comme Hannibal, mais il a aussi quelque chose d'un chérubin. C'est un homme international et je préfère son génie créateur à celui de Saint-Laurent. Ce qu'il fait va beaucoup plus loin.

Coco Chanel

Nous ne roulions pas sur le même rail. Heureusement pour elle! Elle avait quelque chose de touchant, oui, ses mains, ses pauvres mains, ses doigts qui avaient tellement cousu...

Il y a des gens qu'il faut descendre de leur piédestal sans avoir peur.

Patou

Le plus généreux des grands couturiers et qui a eu les plus grands mannequins américains.

Poiret

C'était le titan-tyran de la mode. Un homme de génie, un Dieu. Il a jeté le corset par-dessus le moulin – de Longchamp – et a créé « Madame Sans-Gaine »! C'est également lui qui a mis les femmes en pantalon tandis que Paris fredonnait :

Elle me botte la jupe-culotte,
Les femmes n'ont plus peur qu'on les p'lote.

Quelques années auparavant, il avait lancé la jupe entravée. Il fallait remonter aux Incroyables pour rencontrer une telle Révolution dans la mode. Dans la revue de Rip : *Si que je s'rai roi* *, il avait habillé mes 50 kilos d'une robe cagoule irrésistible. On ne me voyait plus que les yeux, le nez et la bouche. Dans le défilé final, vêtue de taffetas bleu pâle, avec lingerie tuyautée, casquette à pont en taffetas également bleu, visière en cuir noir et escarpins vernis, j'incarnais un jeune métallo...

L'ultime fantaisie de Poiret : la première môme « la Môme Moineau ».

Schiaparelli

Un Cagliostro florentin à qui j'aurais dû confier mon thème. Une bombe dans la couture en 32. Très vite on a dit « Schiap ». Elle a renouvelé quelque chose, cette femme-là. Un soir, après m'avoir vue dans : *Plus ça change* **, elle s'offrit à m'habiller. J'ai porté sa première robe du soir : un long fourreau rouge. Place Vendôme, elle a lancé *Shocking,* un parfum aussi audacieux qu'elle.

Critiques

Je me fiche complètement de ce que les critiques peuvent dire sur moi. Quel est le romain célèbre qui disait : « Comment deux augures peuvent-ils se regarder sans rire? ». C'est, en tout cas, Sacha (Guitry) qui a dit : « Comment deux critiques peuvent-ils se regarder sans rire? ». C'est très drôle ça, non?

Les acteurs ne sont pas impressionnés par la valeur de ce que disent les critiques; ils sont impressionnés par ce qui peut en résulter. Ce que j'admettrais chez un critique, c'est qu'il me dise : « Voilà, madame, ce que vous faites, là-dedans, c'est tout à fait faux... Voulez-vous passer chez moi, ou que je monte chez

* *Théatre des Capucines* en 1921.

** Féerie en trois actes et huit tableaux de Rip, *Le Moulin de la Chanson,* 1929.

vous pour vous expliquer comment on joue cette scène? ». Là, je serais d'accord. Je dirais : « Tiens, ce type-là va rectifier et me dire, voilà où est l'erreur, me montrer à quel passage de la pièce j'ai fait une gaffe, deux gaffes, trois gaffes, en quoi telle scène m'échappe... ». Voilà ce que j'appellerais un critique!

Cul-de-jatte : voir *Apprentissage*.

Culture

Ma culture n'est pas vaste, mais au moins, elle est agréable.

Cure d'intoxication

Pendant six mois, j'ai fait une cure d'intoxication : coco, éther, opium, héroïne. J'ai consulté mon miroir : j'avais pris dix ans! Et, croyez-moi, pas de poussée d'intelligence! J'ai compris. En réalité, j'ai donc cent ans aujourd'hui.

D

Damia *

Dommage qu'elle n'ait pas mis sa voix, sa plastique, ses gestes, la beauté de son visage au service de Racine!

Danse

Ma danse? Le tango; uniquement le tango.

Débuts

S'il avait fallu tirer des sonnettes, je serais restée dans mon plumard! Il a fallu que ça vienne à moi parce que je n'avais pas du tout le feu sacré, vous savez. Et puis, j'ai été chipée par ce truc-là.

Mon métier ne m'a donné ni de très grandes joies ni de très grandes déceptions. Je l'ai pris par son début le plus ingrat. Une fille qui débute au théâtre à dix-huit ans, et qui est une star à vingt et un ans, connaît des joies très particulières. Ça n'a pas été mon cas. Moi, j'ai additionné les petites

* Marise Damien, dite Damia, chanteuse de music-hall.

satisfactions; cela forme maintenant un tout, une somme. C'est cela la joie.

Quant aux déceptions, c'est un grand mot. Il m'est arrivé de devoir jouer pour vivre, des choses stupides qui ne m'étaient pas agréables, mais cela s'arrête là. Je suis très franche sur ce point, au risque de décevoir : j'aimais bien mon métier, mais pas jusqu'à supporter qu'il me fasse souffrir...

Défauts

Celui qui m'irrite le plus – et le terme n'est pas assez fort – c'est l'avarice. Son comble : ne pas donner l'heure!

De Gaulle (Charles)

Sans Hitler, pas de guerre. Pas de guerre, pas de De Gaulle... Terrible pour un grand stratège de finir en relisant *De bello gallico* entre deux clochers!

(Voir aussi *Sondage*.)

Démocratie

J'aime la démocratie. Oui. Mais ne confondez pas avec la basse démagogie. Ce qui me plaît là-dedans, c'est le contact humain. Quand on voyait Carné arriver au studio le premier et repartir le dernier, on ne pouvait pas le mépriser.

Destin : voir *Yeux*.

Deux poids, deux mesures

En 1941 ou 42, une jolie actrice française est reçue par Hitler à Berlin. Les actualités nous la montrent souriante. La curiosité féminine est toujours excusable. Immunisée par cette visite, après la Libération, elle fait film sur film. Et moi, en taule, je me dis : « Pas d'erreur, c'est pourtant bien elle qui y est allée, pas moi. Et pourtant, elle tourne... ».

Devenir

Le devenir, c'est bien plus que s'attendrir sur les trucs du passé. C'est solide. On perd du temps à regarder derrière soi. Je suis toujours restée curieuse.

Dignité : voir *Professeurs.*

Diplomatie directe

Je ne redoute pas le danger. Un jour, je revenais de New York; on avait annoncé une tempête et on nous avait dit d'attacher nos parachutes. Les hôtesses, les stewards étaient tous formidables de calme, de tenue. Je les ai admirés. J'avais pris un petit garçon sur les genoux et je lui disais : « Tu vas voir, on va se déguiser! ». Un seul passager à été dégueulasse, la femme d'un consul. Elle pleurait et se lamentait : « Je ne reverrai jamais plus ma petite fille... ».

Quand on est arrivé à l'aéroport, je lui ai dit : « Bravo, Madame, vous avez bien représenté la France! ».

Dix commandements

Des dix commandements, je retiens pour la vie : « Tu ne tueras point. »

Don Juan

On connaît les succès de Don Juan, mais on ne dit pas combien de fois il s'est cassé la gueule!

(Voir aussi *Enchères chez Maxim's.)*

D'Ora *

C'était une grande artiste viennoise, de réputation internationale. Une merveille! Elle photographiait surtout la société, la mode, le théâtre. Parmi les artistes français, elle n'a fait que Chevalier et moi. Il y a une photo que j'aime particulièrement, celle où je suis de profil, coiffée à la garçonne. Une tulipe, reprenant en sens inverse la courbe formée par la frange et la mèche au niveau de la saillie de la joue, épouse la forme du menton et du cou.

Douceur d'aimer **

J'y avais un petit rôle de dactylo, ou je ne sais quoi. C'était un essai. Je me disais : « il faut bien en faire un, et voir ». C'était très bien comme test, mais pour me voir, j'ai vu : j'étais hideuse!

Drôle

Il paraît que parfois je suis drôle. Eh bien! la plupart du temps, je ne le fais pas exprès. Et puis, je suis tellement paresseuse que je n'ai pas envie de m'observer...

D'une ravissante « descendue d'un tableau de Girard »

Comme elle me rebattait les oreilles de son titre et de sa couronne fermée, je l'appelais : « Fleur de lit! ».

* D'Ora Kallmus, 1881-1963. Un des grands noms de la photographie autrichienne. Elle a également ouvert un atelier à Paris en 1927.

** Film de René Hervil, 1930.

E

Édith Piaf

Il y aurait de la mauvaise foi à ne pas lui reconnaître une espèce de génie : elle chantait bas-ventre... Je n'aimais pas la femme, mais j'aimais son talent, sa personnalité. Je l'ai imitée à *L'Empire* en 1950. Naturellement tout le monde a été surpris que je fasse Piaf! J'avais un faux crâne, je marchais avec les bras collés au corps et je chantais un pot pourri de ses airs. Je l'ai tellement charriée qu'après ça, sur les conseils de Marlène Dietrich, elle a changé de costume et amélioré sa coiffure. Grâce à moi, elle est morte en beauté.

Édouard Bourdet *

Il aimait les acteurs, mais avait la manie de leur remettre des notes tous les soirs pour un déplacement de virgule. Au bout d'un mois, comme je n'avais rien changé, il me demande :

– Vous avez lu mes petites notes?

Je lui en remets une poignée et lui dis :

– J' sais pas lire!

* Dramaturge et directeur de la Comédie Française, 1887-1945. Voir aussi *Michel Simon*.

Éducation

Je n'ai pas été élevée, je me suis élevée.

Égalité des sexes

Un sujet vide de sens. De toute manière, les bonnes femmes peuvent bien dire et faire ce qu'elles voudront, elles n'auront jamais de pomme d'Adam. En la matière, on parle surtout de sexe de l'homme, mais jamais de la pomme d'Adam. C'est curieux, non?

Éléments

Mes éléments? – L'air, bien sûr, le ciel, les nuages, « les merveilleux nuages... ».

Enchères chez Maxim's

C'est un soir chez Maxim's : belles dames riches et de mœurs affranchies. On parle de ce Don Juan milliardaire qui possède toutes les femmes et les paie... très cher! On s'exclame, et on admire, bien sûr. Qui donc refuserait pour cinq cent mille francs? Personne. Cinq cent mille francs! Toutes les dames frétillent. On me dit :

– Cinq cent mille francs, vous aussi, n'est-ce pas Arletty?

– Vos cinq cent mille francs, je m'en torche!

Et je tire.

Enfance

Une pureté qu'on doit respecter. Toujours. Comme dans cette chanson : *Prendre un enfant par la main* d'Yves Duteil. J'ai cultivé l'enfance en passant à l'adolescence. Si vous voulez, en devenant adolescente, je l'ai prolongée. Au fond de moi, j'en ai toujours gardé le regard.

Enfants de l'amour

On dit les enfants de l'amour se font dans les garnis. Voire! Moi, j'ai été conçue à l'*Hôtel du Port*.

Enfants du Paradis (Les) *

De tous les films que j'ai tournés, *Les Enfants du Paradis* fut probablement le plus marquant. C'est merveilleux pour une femme de rentrer dans ce film, dans la poésie de Jacques Prévert. Et dans Garance, bien sûr. Mais ici, tous les rôles étaient intelligents, écrits sur mesure pour chaque comédien. Je ne pense pas qu'on ait réalisé quelque chose de mieux ou de plus complet. Avant même de tourner un film comme ça, on sait que ce sera un chef-d'œuvre.

On m'a apporté le scénario, un soir, quai de Conti. Il était tard, j'ai passé la nuit à le lire et je me suis dit : « On n'a pas le droit de laisser passer un film pareil. Si on le loupe, on est foutu! ». Tout de suite j'ai compris.

Je crois que c'est Jean-Louis Barrault qui en a eu l'idée. Il en a parlé à Carné qui en a parlé à Prévert. C'était un poète Jacques. Son film n'a pas de fin : quand Garance repart sur le boulevard du Crime, qu'elle se perd dans la foule, elle peut bien revenir et se remettre dans le puits, comme au début. On se sait pas. C'est ça qui est extraordinaire.

* Film de Marcel Carné, 1943-1944. Voir aussi : *Tournages*.

Enquête d'Ici Paris *

On me demande les qualités primordiales que les hommes doivent posséder pour plaire à une femme et la note que je leur attribue :

– Oh! moi, vous savez, c'est pas difficile. Mettons 3 pour le sex-appeal et la sensualité. Je m'en f... . 0 pour les dons de l'esprit, je m'en ref... 20 pour l'éducation; vous comprenez, je suis si bien éduquée, moi! 20 pour la situation sociale. 15 pour le caractère : un homme qui ronchonne, c'est embêtant! 20 encore pour l'élégance, ça présente mieux un homme élégant. Quant à la jeunesse, bah! de 0 à 20, ça n'a pas d'importance. Mais au fond, ce que je leur demande avant tout, c'est d'être bêtes et d'avoir beaucoup d'argent.

Enterrements

Si vous observez, les gens « jouent » aux enterrements. Le vrai chagrin : la brutalité de l'annonce du malheur. Après, c'est de la redite.

Entourée

Je suis entourée par tous les âges. Mais c'est vrai aussi que beaucoup de personnes âgées viennent me voir pour que je leur remonte le moral. Je les dope.

Épuration

Le Préfet épurateur, un homme d'ailleurs très spirituel, me dit :
– Alors Bathiat, comment ça va, aujourd'hui?
– Pas très résistante.

J'avais pris le parti de ne répondre qu'au nom de mon père, mon vrai nom. On m'appelait Arletty? Je n'entendais rien.

* En mai 1935.

J'attendais qu'on m'appelle Bathiat. Je n'étais pas en colère. Je restais calme. La moitié de ceux qui m'ont condamnée sont morts aujourd'hui et moi je suis toujours là. Figurante, on ne m'aurait probablement pas arrêtée, mais avoir tourné quelques beaux films et *Les enfants du Paradis* n'a pas dû m'aider. Arletty aimant un boche, c'était trop. Il y a sûrement eu des jalousies. Curieux, on ne s'est pas occupé de qui m'a présenté ce futur ambassadeur de son pays... Quelques années après, tout le monde a admiré *Hiroshima mon amour* : « Erreur en deçà, vérité au-delà! ».

Je me rappelle aussi ces petits crâneurs, avec leur mitraillette pointée sur nous. L'un d'eux, surtout, nous narguait. Je lui ai dit :

– Dépêchez-vous de tirer, que je ne vois plus votre sale gueule!

Ça lui a tellement coupé le souffle, qu'il n'en est probablement pas encore revenu.

Le dimanche, messe! Séparée des hommes par un grillage, j'allais écouter Tino Rossi chanter l'*Ave Maria*. La Mère Supérieure me lança :

– Salope, tu as fini de regarder les hommes?

Mère, peut-être, mais pas très *supérieure*...

Erèbe : voir *Shakespeare*

Erich Von Stroheim

Un personnage! Un grand joueur qui allait jusqu'au bout de ses excentricités. C'était aussi un metteur en scène et un acteur immense. Il avait quelque chose, des yeux très intelligents, une tête intéressante. Il jouait toujours en corset, avec des faux-cols et des tas de trucs. Il était à la ville comme à l'écran. Pas drôle du tout! De plus, il cultivait une sorte de composition soldatesque de luxe. Il avait la réputation de boire beaucoup. Il exigeait d'ailleurs sur son contrat d'avoir une tasse et une cuillère pour boire son alcool. C'était en réalité du thé... Le soir, il téléphonait d'une cabine à sa voyante ou à son mage qui habitaient la Suisse pour savoir ce qu'il devait faire le lendemain. Il demandait toujours à être payé en dollars.

Quand on a tourné ensemble : *Portrait d'un Assassin*, il s'interrogeait sur ce que j'avais pu faire pendant l'Occupation. Il avait l'air de dire : « Qu'est-ce que c'est que cette Mata-Hari? Qu'est-ce qu'elle a bien pu faire pendant la guerre? ».

Esprit

L'esprit, c'est supporter celui des autres.

Estime : voir *Amour*.

Ethique

Il ne faut jamais accepter d'être diminué par des circonstances, même exceptionnelles. Si un homme intervient chez moi la nuit, masqué, armé, décidé à me cambrioler ou à m'assassiner, je lui dis : « Surtout ne dérangez rien. L'argent est là, ne fracturez rien, évitez de salir avec vos mains. Vous voulez le fric? Vous le prenez, mais ne salopez rien. Me tuer? Oui, faites-le, mais attention, proprement! ».

Et le rideau sur la scène est tombé *

C'est ce qui est arrivé pendant que je jouais *Les Monstres Sacrés* ** : le rideau est tombé sur la scène et sur mes yeux.

* Chanson d'Eddie Mitchell.

** Pièce de Jean Cocteau, *Théâtre des Ambassadeurs,* 1966. Voir aussi *Vue* et *Yeux*.

La vie m'a tout donné, avant. Puis le mal est arrivé. Ça ne sert à rien d'épiloguer là-dessus. Dans les cas dramatiques comme ça, il n'y a que deux solutions : le cyanure ou la lutte, or j'aime la lutte.

Ether : Voir *Cure d'intoxication*

Européenne

Je me sens plus qu'Européenne, je me sens universelle, citoyenne du monde. Alors bravo, si demain, l'Europe indépendante existe vraiment! A ce moment-là, on rigolera bien de nos petites histoires hexagonales, de tous ces mecs qui se disputent âprement 400 ou 500 voix...

Événements

Je n'ai jamais recherché les grands événements. C'est eux qui sont venus à moi. Et dans la mesure où ils étaient là, je n'en ai pas douté. Je savais ce que j'avais à faire. J'ai vécu par instinct. Comme le dit Prévert : « Je suis comme je suis. »

F

Femmes

Il n'y a pas une époque où les femmes ont été jolies, elles sont toujours jolies. Certaines se font remonter la figure, mais c'est l'âme qu'il faut soigner. Y en a qui commencent leur vie à soixante ans, d'autres la finissent à vingt-cinq.

Fernandel

Avec sa gueule chevaline, il était sûr d'être à l'arrivée!

(Voir aussi *Fric Frac*.)

Fernand Raynaud

Il m'a éblouie. C'est notre nouveau Molière. Sa statue devrait trôner Place Jaude à Clermont-Ferrand, entre Vercingétorix et Desaix.

(Voir aussi *Auvergnats*.)

Fidélité

On a déjà du mal à être fidèle à soi-même, alors!... Je ne suis pas faite pour la cohabitation.

Figaro : voir *Gymnastique.*

Fille perdue : voir *Interview.*

Films alimentaires

Il n'y a pas à rougir des films alimentaires, mais on devrait pouvoir prévenir le public. Il faudrait pouvoir le faire sur l'affiche ou sur l'écran... ça serait franc, ça serait gentil et ça donnerait des génériques bien réjouissants :

La main de ma sœur
ou :
Les délurés de la coloniale
avec
X., pour ses impôts.
Y., en raison de ses charges de famille.
etc.

Remarquez, des mauvais films, moi, j'en ai fait le moins possible. Ma paresse m'a beaucoup aidée à les éviter. C'est une grande force, la paresse. D'ailleurs, je n'ai travaillé que pour paresser plus facilement.

Avec mes films alimentaires, je me suis payée en 35 une Lancia surbaissée : troisième plan, deuxième plan, Ran, tan, plan... En 39, je la quitte pour un cabriolet Packard qui venait d'arriver d'Amérique. Je me l'offre avec *Circonstances atténuantes*. En 40, je la laisse à Lyon. En 45, le Préfet de cette ville la réquisitionne pour promener Édouard Herriot et Molotov. Comme il y a toujours mon adresse sur la plaque, on m'envoie une photo commémorative de la voiture remplie de fleurs, d'où émergent, souriants, les visages de ces messieurs. J'étais à la peine : Il était juste qu'elle fut à l'honneur. Ça méritait bien des « Circonstances atténuantes »!

Fleur préférée

Ma fleur préférée? Le lilas, pour ma mère qui l'aimait.

Florelle (Odette) *

Elle avait le rôle principal féminin d'*Amants et voleurs* **. Très sympathique, beaucoup de talent. A ce moment-là, elle devait être avec Garat, et c'est marrant quand ils se sont séparés, chacun y a gagné. Lui, il a fait : *Le Congrès s'amuse* et elle, elle a créé : *L'Opéra de QuatSous*. Elle jouait Feydeau remarquablement. Elle avait débuté au Cabaret dans les revues de Rip où elle chantait merveilleusement.

C'était une nature! Je ne vois pas pourquoi on s'extasie sur des tas d'autres bonnes femmes alors qu'on ne parle pas d'elle?

Foire du Trône : voir *Rois en rupture de couronne*.

Forain (Jean-Louis) ***

Avec Rip, un des hommes les plus spirituels de son époque. Ses histoires, il y en a cent et mille.

* Comédienne française.
** Film de Raymond Bernard, 1935.
*** Peintre et caricaturiste, 1852-1931.

Celle-là est célèbre, je pense qu'il en a fait des dessins : il participait à un déjeuner avec les Dieulafoi. Madame Dieulafoi était la seule femme invitée, la seule femme autorisée par l'État à s'habiller en homme, absolument en homme. Généralement à cette époque-là, quand on avait déjeuné, on passait au fumoir. On ne fumait pas à table. Forain, qui se trouvait derrière elle, lui tapa sur l'épaule et lui dit : « Et maintenant allons pisser ». Voyez la gonzesse!

Au cours d'un autre dîner, il y eut le truc de la Sorel qui déclara devant tout le monde : « Moi, à cinquante ans, je me tue ». Et Forain de s'écrier : « Feu! ».

Fortune

Tout allait bien, le ciel était pur, quand tout à coup, la fortune a changé de direction.

Fouquet (Jean) : voir ***Peinture.***

Franchise

Ma franchise, je me la garde. Si je dois être hypocrite, je préfère me taire. A force de combiner, d'inventer des mensonges, on a le visage qui se déforme. Ceux qui combinent ont tôt ou tard la gueule de traviole...

Françoise Rosay

Elle était la femme de Feyder *. Voilà une grande comédienne. C'était aussi une femme de cœur. Elle aidait les acteurs et apportait beaucoup à ses partenaires.

* Voir aussi *Jacques Feyder.*

Nos rapports étaient amicaux. Détail amusant, c'est grâce à elle que j'ai mis une plaque sur mes dents : « Ne gardez pas cet écart », me dit-elle un jour, en me regardant. En effet, les opérateurs ne pouvaient me photographier que de profil! Je l'ai remerciée de m'avoir donné un conseil judicieux. Peu de femmes en auraient fait autant.

Fréhel (Odette) *

Elle faisait honneur au cap dont elle portait le nom. Imbattable dans la chanson réaliste. En perdant sa beauté, son talent grandissait. Généralement, c'est le contraire.

Fric Frac **

C'est devenu un mot comme Tartufe ou Topaze. J'ai eu la chance des titres et des mots. Dans le film, il y avait Michel Simon dont c'était les grands débuts. Et Fernandel, qui disait : « Dans mon pedigree : un cheval, une femme; une femme, un cheval... ». Il avait un caractère en or.

Fric Frac fut la rencontre de ces deux « gueules », mais ça n'a pas gazé. Fernandel n'a plus jamais voulu tourner une seule fois avec Simon. Vous imaginez des acteurs comme ça qui ne se retrouvent pas, c'est grave malgré tout.

Front Populaire

Je montais tous les jours à Courbevoie chez Hispano-Suiza, trouver Pierrot, l'anonyme qui belotait sur le tas avec ses camarades grévistes. Ils aimaient *Fric Frac* qui matchait avec le Front Populaire. La vie m'a détachée du peloton, mais je n'oublie pas que je viens du peloton.

* Marguerite Boulc'h dite, 1891-1951. Chanteuse française.

** Film de Maurice Lehman et de Claude Autan-Lara, 1939. (Voir aussi *Michel Simon.*)

G

Gaby de Mombreuse

Inimitable. Amie du duc d'Uzès, elle lui sort un soir, où il était noir : « Mais vous buvez comme un trou, duc! ».

Gaby Morlay

Une qui n'avait pas besoin de s'attifer pour avoir une âme. C'est un grand compliment que je lui fais là. Elle avait acquis une réputation internationale et ce n'était que justice. On se demandait, bien sûr, ce qu'elle avait à triturer son petit mouchoir... Elle n'avait pas besoin de cela! C'était une grande comédienne. Elle avait le blanc des yeux, bleu, et un charme dans la voix, extra. On l'appelait au téléphone pour le simple plaisir de l'entendre dire : « Allô »!

Gaieté

Sur ma gaieté, on se trompe un peu. Je ne suis pas tellement gaie devant les événements tragiques et les coups du sort terribles. Seulement, je ne le montre pas. C'est inutile.

Gamberge (La) *

Un film très sympathique, mais encore très « pour les impôts »... J'y jouais le rôle d'un professeur de danse, alors que je ne sais pas mettre un pied devant l'autre. J'étais aussi la mère de Jean-Pierre Cassel, le seul garçon qui soit parvenu à me faire danser. Il était tellement habile, tellement extraordinaire!

Garçon manqué

Mon père disait : « C'est un garçon manqué ». Pardon, c'est plutôt la fille qui est manquée.

Garçonne (La) **

C'était très avancé comme idée. Victor Margueritte avait eu plusieurs procès pour son roman. Le film eut un succès de scandale. Vous imaginez, voir des « bonnes femmes » en garçonnes, fumant l'opium! J'y entretenais Marie Bell. Une des dernières fois où nous nous sommes vues, peu de temps avant sa mort, nous avons évoqué ce souvenir : « Je t'entretenais, lui ai-je dit, heureusement que ce n'était pas dans la vie, tu m'aurais coûté cher! ». Il faut dire que Marie ne devait pas être bon marché... Nous avons bien ri.

Voir aussi *Marie Bell* et *Napoléon*.

Garçonnières : voir *Krach de 29*.

* Film de Norbert Carbonnaux, 1961.
** Film de Jean de Limur, 1935.

Gotha féminin

Le préfet épurateur me prêtait tout le gotha et le gold gotha féminin :

– C'est vrai, Arletty, que vous avez été avec la duchesse de mes deux, la baronne de mes trois...?

Un jeune témoin insistait absolument pour que je fasse des aveux. Comme le préfet voulait le blouser, il insiste :

– Allez Arletty, parlez...

– Je suis un gentleman!

Giscard d'Estaing

Le champion de l'émission : *L'Oreille en coin*, dont le violon d'Ingres est l'accordéon.

Goy

A Venise, j'aimais beaucoup visiter les monuments. Un jour, Jacqueline Delubac, Sacha Guitry et moi, demandons à voir le ghetto. On prend un petit guide et moi je lui dis :

– Qu'est-ce qu'elle est, madame?

– Elle, goy.

– Et moi, qu'est-ce que tu crois?

– Toi, goy.

– Et, Monsieur?

– Lui, Yddish.

Sacha en prend un coup dans l'estomac. Il pointe son doigt :

– Un futur Léon Blum!

Grand

Les français confondent : « homme grand » et « grand homme ».

Greta Garbo

L'immarcescible! (peu usité). Elle aura représenté la beauté de son siècle. Elle est éternelle dans sa beauté : un mètre soixante-quinze, un visage au teint transparent, des paupières rarement baissées, des yeux extraordinaires, une bouche plate, un long cou, gantant du huit, chaussant du quarante et parlant dans un verre de lampe! La seule, au cinéma, qui nous faisait croire à ses personnages. Elle pouvait se passer du verbe. Évidemment, on l'aurait très mal vue dans : *Mais ne te promène donc pas toute nue*! Mais pourquoi ne pas lui avoir confié : *Le Portrait de Dorian Gray*? Ou, mieux encore, *Lawrence d'Arabie*? Elle seule nous aurait fait croire à l'auteur des *Sept piliers de la sagesse*. Elle était faite pour porter le manteau de l'Histoire sur ses royales épaules. Et enfin, ce qui aurait pu être le couronnement : *Notre-Dame de Lourdes*.

Je l'ai rencontrée dans les années 50, à l'occasion d'*April in Paris*. Elle est arrivée habillée à la russe. Y a pas à dire, à côté d'elle, on était foutu. Il n'y avait rien à faire! N'importe quelle femme avait l'air de la dernière femme de chambre. Quand elle a habité le *Georges V*, je la voyais souvent. Elle était chaque fois différente dans sa beauté et, surtout, dans le vestimentaire! Elle pouvait porter avec la même désinvolture le petit béret ou les aigrettes...

Grosse tête (d'une)

Il sait tout, mais pas plus...

Guerre

La guerre, c'est toujours une rupture. On dit : « Avant guerre » et « Après guerre ». Je suis contre la guerre, toutes les guerres. Il faudrait obliger ceux qui les déclarent à se faire Hara-Kiri. Et comment a-t-on osé parler de « Guerre Sainte »? Réunir ces deux mots, c'est révoltant!

Guillaume Hannoteau

Guillaume Hannoteau disait dans les années 60 : « Il y a deux mecs en France : De Gaulle et Arletty ». Est-ce que je dois prendre ça pour une vacherie?

Gymnastique

Tous les jours, je fais des exercices de mémoire. C'est très agréable à faire. Je me récite l'apostrophe d'Agrippine : « Approchez-vous Néron... » ou – et c'est mon préféré – le monologue de Figaro : « O Femme! Femme! Femme! Créature faible et décevante... »

H

Haine

Un jour, une bonne femme, qui ne m'aimait pas du tout, s'est approchée de moi et m'a hurlé au visage : « Je vous hais! ». La gueule qu'elle avait quand elle m'a dit ça! Moi, j'ai répondu avec le sourire : « Qu'est-ce que vous voulez que ça me foute! ». On ne peut pas être laid quand on dit ça avec le sourire. Je recommande aux gens de se marrer un peu.

Hasard

Il m'aura suffi de rencontrer Paul Guillaume *, qui m'a « racolée » sur les boulevards, pour entrer au *Théâtre des Capucines*. Je sortais de chez Poiret où j'étais mannequin. Je ne connaissais pas son nom, mais c'était quelqu'un de célèbre qui avait lancé Soutine et « fait » l'Art Nègre. Il s'est présenté à moi comme « amateur d'art ». J'ai ri. J'étais plutôt maigre que mince, et je me demandais pourquoi ce monsieur tenait tant à ce que je devienne modèle et monte sur les planches. – « Parce que, me dit-il, avec une silhouette et une voix comme la vôtre, on vend des journaux ou on fait

* Critique et collectionneur français, 1893-1936.

du théâtre ». Sur ce, il m'a donné trois cartes d'introduction : une pour Rip, le revuiste à la mode; un autre, pour Berthez, le directeur des *Capucines;* une enfin pour Gavault, le directeur de l'*Odéon.* Le remerciant à la blague, je lui répondis : « Au revoir, Pygmalion! ».

Fin 19, toujours flânant sur les boulevards, je lis : *Théâtre des Capucines.* Je ne le connaissais pas. Je retrouve la carte de l'« Amateur », restée au fond de mon sac. J'entre. Pourquoi pas? Berthez m'engage pour deux figurations *. Ce fut mon premier contact avec l'art. A quoi tient une carrière? A un trottoir! Quand j'ai joué *Un Otage* à *l'Odéon* **, j'ai dit : « Enfin, je chausse cothurne! ».

Henri Bernstein : voir *Julien Carette* et *Michel Simon.*

Henri Jeanson ***

Il avait en lui, comme Prévert, la musique des acteurs. Pour nous, les comédiens, il ne peut y avoir de plus grande chance que d'être au service de tels créateurs, avec leurs personnages, avec leurs mots et leurs images. J'ai aussi été émue par ce qu'il y avait chez eux de prémonitoire.

Voir aussi *Atmosphère* et *Hôtel du Nord.*

Histoire juive

L'histoire juive la plus courte : la guerre. Six jours.

* *C.G.T. Roi*, revue d'André Barde et Michel Carré, octobre 1919 et *Mazout alors*, revue de Saint Granier et Briquet, *Théâtre de La Potinière*, janvier 1920.

** Comédie dramatique de Behan, mise en scène de Georges Wilson, février 1962.

*** Auteur dramatique et journaliste, 1900-1970.

Hommes

A la sortie de Ben Hur * au Paramount, deux fanatiques : « Ce qu'ils étaient beaux les hommes en c' temps-là! ».

Hôtel du Nord

Je fus remarquée pour la première fois dans *Hôtel du Nord* **. Un rôle épisodique, Mme Raymonde. Un contrat de six jours. Mais ce rôle vaut les 1 500 lignes de *Cyrano!* Luxueusement chaussée par Perugia, modèle exclusif représentant au moins quatre-vingts passes de Mme Raymonde, avec une robe Zip – la trouvaille de Louis Bonin –, un sac Schiap et une mini-fourrure. Et puis ce mot que je ne veux plus dire... ***

Un jour, un énorme spot tombe devant mon nez. Affolement dans le studio. Sans perdre mon calme, j'enchaîne. J'étais en rabiot! Sur le tournage, je me souviens parfaitement que nous pressentions la catastrophe. Le malheur rôdait. Sous les dialogues de Jeanson se devinait le malaise. On allait vite, vite. C'était l'année de Munich. Rien n'est démodé dans ce film. Pas une phrase. Pas un mot. Ce n'est pas de l'argot – l'argot se démode – ce sont des images. Il n'y a rien à retirer, rien à y remettre. C'est un morceau « fait », une partition.

Hôtel Plazza

A partir de 48, j'y reste plusieurs années, chambre 312. Défilent les gens les plus divers. De sa fenêtre, une princesse ottomane me donne la sérénade. Sa petite négresse, habillée en chasseur de chez Maxim's, chante :

Elle était jeune et belle
Comme de bien entendu...

* Le film muet avec Ramon Navarro.
** Film de Marcel Carné, 1938.
*** Voir *Atmosphère*.

Ce que les gens rigolaient dans l'Hôtel! Plus tard, à Collioure, avec André Beaurepaire, nous retrouvons notre princesse ottomane. Inspirée par l'Espagne, toute proche, elle nous redonne la sérénade, cette fois avec :

Si tu ne m'aimes pas, je t'aime...

Hymnes

Le *ça ira* et *La Carmagnole* sont pour moi des chefs-d'œuvre. *L'Internationale*, paroles et musique françaises : une « engagée » qui tient le coup!

Huis clos : voir *Capri*.

I

Iconoclaste

Je suis une briseuse d'images. Chez moi, on ne se croirait pas chez une comédienne. Je n'ai conservé aucune photo de moi. Je ne souffre donc ni de me voir, ni de m'entendre.

Immarcessible : voir *Greta Garbo*.

Image de soi

A vingt ans, on aurait pu dire de moi : un modèle de peintre.

Immortelle

La gonzesse qui frime en pensant : « Je suis admirée par tous, je suis immortelle », c'est une idiote. Ne me posez pas une question pareille.

Impression

On regrette plus ceux qui vous ont aimé que ceux qu'on a aimés. Au fond, on ne pleure que sur soi.

Incohérences (mes)

Quand je dis « incohérences », c'est parce que je n'ose pas dire « conneries »... A ma libération, Maurice Yvain me propose de faire une rentrée au music-hall :

– J'ai ta scène de présentation : tu montes un très grand escalier. Arrivée en haut, tu te retournes et tu dis : « L'ai-je bien remonté? ».

Pourquoi n'ai-je pas accepté cette offre si chaleureuse et si spirituelle?

Incomplète

Je suis incomplète, je ne connais pas la haine.

Indépendance

Au fond, je suis une indépendante. Je crois que c'est un don de naissance, mais, moi, je l'ai cultivé. Et l'indépendance, celle de l'esprit, surtout, c'est un luxe qui coûte très cher. C'est cependant le seul luxe auquel je tienne. Même maintenant, et malgré mon accident, je m'efforce de le préserver.

Instinct

Mon instinct est mon meilleur guide. Seulement, voilà, je me laisse attendrir et on m'a à l'usure. De là tous mes malheurs. En revanche, je ne subis aucune influence.

Interview (Réponse à une) *

Comment, vous, un journaliste sérieux, bon citoyen et bon père de famille, vous osez venir chez une fille perdue? Ma

* Paru dans *Minerva* en décembre 1933.

concierge me regarde de travers, ma réputation est épouvantable et je ne remonterai jamais dans l'estime bourgeoise des foules. C'est pas drôle!

Il y a des mots que je ne voudrais pas dire car ils pourraient effrayer vos lectrices, mais je veux m'exprimer en titres de pièces. Voilà, pour tout le monde je suis : *La petite grue du cinquième*, et jamais je ne serai *Une petite bonne sérieuse*. D'ailleurs, je suis philosophe, je m'accommode et me contente de mon emploi, de mon métier et de ma vie. Je m'efforce de faire bien, de faire consciencieusement ce que je fais. Comme cela ma conscience est pure.

Intonation

On n'enseigne pas l'intonation, encore moins la classe.

Ironie du sort

Ô! ironie du sort, elle venait de se faire « remonter » quand on l'a « descendue ».

ortrait pris en marge du film *Le Jour se lève* © Raymond Voinquel

Portrait pris en marge du film *Les Perles de la couronne* © Raymond Voinquel

ortrait pris en marge du film *Le Jour se lève* © Raymond Voinquel

Portrait pris en marge du film *Aventure à Paris* © Raymond Voinquel

ortrait pris en marge du film *Aventure à Paris*, habillée par Schiaparelli © Raymond Voinquel

Fric-Frac d'Edouard Bourdet, octobre 1936, Arletty et Michel Simon.
(Photo Lipnitzki - Viollet)

Fric-Frac d'Edouard Bourdet, octobre 1936, Arletty et Victor Boucher.
(Photo Lipnitzki - Viollet)

Revue de Rip, Théâtre des Capucines, 1937.
(Photo Lipnitzki - Viollet)

Dans *Le Bonheur Mesdames* de F. de Croisset, février 1934, avec Michel Simon.
(Photo Lipnitzki - Viollet)

Une expression d'Arletty dans la pièce *Un Tramway nommé Désir* de Tenessee Williams, adaptation de Jean Cocteau, au Théâtre Edouard VII, octobre 1949, (Photo Keystone)

Avec Daniel Ivernel dans la pièce *Un Tramway nommé Désir* (Photo Lipnitzki - Viollet)

Avec Y. Vincent dans la pièce *Un Tramway nommé Désir* (Photo Lipnitzki - Viollet)

Dans *Tempête*, le film de Bernard Deschamps, 1939-1940. (Collection Viollet)

A l'Empire,
Octobre 1950
(Photo Lipnitzki
- Viollet)

A l'Empire, octobre 1950, Arletty imitant Edith Piaf (Photo Lipnitzki - Viollet)

Avec Simone Paris, Roland Lesaffre et Marie Daëms, au Festival de Venise, 1954 (Photo Lipnitzki - Viollet)

Avec la célèbre pianiste Lucienne Delforge, Maurice Chevalier et Suzy Solidor, dans une librairie parisienne, 1952 (Photo Keystone)

Les quatre du jury au Festival de Cannes ; de gauche à droite : Louise de Vilmorin, Arletty, Maurice Lehmann, président du jury, et Jeanson, 29 avril 1956 (Photo Keystone)

A Cannes : un déjeuner offert à Martine Carol avec Henri Jeanson, Georges Clouzot, Arletty, Christian-Jaque, J. Bordeneuve, secrétaire d'Etat aux Beaux-Arts, et Martine Carol, 3 mai 1956 (Photo Keystone)

Dans *Drôle de Dimanche* de Marc Allégret, avec Bourvil, 19 juillet 1958 (Photo Keystone)

Un Monde Fou, Fou, Fou, au gala de première du film de Stanley Kramer avec Fernandel.
18 décembre 1963 (Photo Keystone)

L'Etouffe Chrétien,
au Théâtre de la Renaissance,
avec Francis Blanche, octobre 1960
(Photo Lipnitzki - Viollet)

Un Otage, au Théâtre de l'Odéon, avec Pierre Blanchar, février 1962 (Photo Lipnitzki - Viollet)

Avec Sacha Guitry et Jacqueline Delubac (Photo Lapi - Viollet).

J

Jacques Feyder *

Feyder avait une stature de play-boy. Très élégant. De l'assurance, du charme. Il en imposait physiquement. Je ne parle pas de son talent, connu de tous, qui le plaçait à un très haut niveau. C'était incontestablement un maître du cinéma. Il était très perfectionniste, d'une grande rigueur, et avec quelle élégance! Dans *Pension Mimosas* **, où je n'avais qu'un petit rôle de parachutiste, il prit pourtant la peine de faire répéter lui-même la scène. Il s'est assis à côté de moi et pendant un bon quart d'heure nous avons discuté du personnage. D'ordinaire, on nous collait à l'endroit voulu et on disait son texte, sans directives.

Jacques Prévert

Prévert, je l'aime, sans blague, je l'aime d'amour. Il est à part. Inclassable. Il est tout. Il ne me quittera jamais. C'est un vrai poète qui poétisait tout. Pas un poète qui écrivait des trucs qui riment. Un vrai, quoi! Il était libre, indépendant. Idées ou pas d'idées, il s'en foutait. C'était un tendre, c'était un cœur. Je

* Cinéaste, d'abord assistant de Marcel Carné.
** Film réalisé en 1934.

souhaite à toutes les comédiennes d'avoir un type comme ça sur leur chemin.

Au procès communiste pendant la guerre, il a eu un truc extraordinaire pour Jeanson. Le président demande à Jacques :

– Qu'est-ce que vous pensez de l'accusé?

– Il aime son chien.

Pensant qu'il n'avait pas compris la question, le Président la lui repose :

– Il aime son chien.

Et ça, à cinq reprises. Il s'en est tenu à cette déposition. C'est une trouvaille de poète, ça. Merci, Jacques Prévert.

Jane Avril

L'aristocrate du *Moulin-Rouge*, la plus distinguée des danseuses de French Cancan, un grand Lautrec! Je l'ai rencontrée en 31 ou 32 chez Sacha qui l'admirait. Elle était impassible, lointaine. Elle avait cinquante-cinq ans, mais en paraissait trente de moins. C'est des phénomènes des cas comme ça.

Jean Cocteau

Le premier contact avec Cocteau, c'était formidable. Il avait un numéro terrible, ce gars-là! Il soignait ses entrées. Un numéro mis au point, comme celui de Grok : la voix, les gestes, c'était fracassant. Au deuxième ou au troisième rendez-vous, on avait compris. Le truc s'émoussait. Mais, alors, la première fois... Il y avait les mains, les yeux, les trucs, les machins! J'ai été éblouie.

(Voir aussi : *Picasso*.)

Jean Gabin, dit Gabinos

L'homme qui a fait sa carrière de tombeur, sans lèvres. Avec ses yeux bleus, grand teint, il était Paris béguin en gueule d'amour pour cœurs chaloupés. C'était un grand professionnel, certainement l'acteur qui savait le plus habiller ses personnages, celui qui a fait le plus de films en restant lui-même. Il connaissait tout du métier. Sa marche à petits pas de danseur de Java lui était venue de son passage aux *Folies-Bergère*. Tout lui était possible : il n'était que de l'entendre chanter *La Môme caoutchouc*.

Jean XXIII

Il arrive au Paradis, de blanc vêtu, se présente et dit :

– Je voudrais parler à Dieu le Père.

– Vous voulez parler à mon père? A quel titre?

– Représentant de son fils sur la terre.

– Papa, y a un type qui veut être reçu par toi parce qu'il est ton représentant sur la terre.

– Ça tient encore, c't' affaire là?

Jean Paul II

Ne me parlez pas de ce Pape, même s'il s'exprime dans une dizaine de langues, je voudrais bien savoir dans laquelle il est le moins con?

Jeanne d'Arc

C'est pas mon rayon, je préfère les Rois Fainéants!

Joconde

On l'avait volée en 1912; ça, la date, je l'ai retenue, parce qu'on chantait tous :

On a retrouvé la Joconde
Avec sa petite gorge ronde!

Elle était en Italie
En train de faucher
Du macaroni...

Nous, les gosses, nous chantions ça dans la rue. On était culottés, on s'en foutait.

Joies du Capitole (Les) *

Michel Simon en Claude. Moi, en Agrippine. Au Ier acte, je me rendais indispensable par mon rapport quotidien de la ville. Il me posait toujours la même question :

– Qu'est-ce qui se passe dans Rome?

Je lui donnais toujours la même réponse :

– Rome s'emmerde.

Au IIIe acte, impératrice, je siège aux côtés de Claude. Néron, l'affreux Jojo, rate régulièrement son entrée. Je n'arrive plus à meubler. Michel se contente de lever les yeux au ciel. Un soir, Néron entre, essouflé, et s'installe sur mes genoux. Je lui demande en catimini :

– Où étais-tu?

Lui, à haute voix :

– J' suis allé pisser.

Ma réplique d'enchaînement :

– Cet enfant me tuera.

Fou rire dans la salle!

Joséphine Baker

Elle était merveilleuse. Je garde le souvenir de sa beauté, de son talent, de sa générosité. Quand on arrive à Paris avec deux bananes, quelle réussite!

* Opérette de Jacques Bousquet, Albert Willemetz, Raoul Moretti, *Théâtre de La Madeleine*, février 1935.

Jour le plus long (Le) *

Plutôt un Reader's digest entrecoupé de documents de l'armée. Ce film me permit d'honorer mon percepteur. De la guerre comme ça, je ne pouvais pas m'empêcher de rire. J'avais peur que Zanuck me voie : je devais faire une résistante. Vous vous rendez compte!

Jour se lève (Le) **

Un homme jeune jouait à cache-cache dans le décors du film. C'était Jaubert. La guerre le prend et le garde pour toujours. La musique du *Jour se lève* sera son ultime symphonie.

J'y apparaissais nue, une éponge en guise de feuille de vigne. Cette apparition, ma vanité dût-elle en souffrir, fut censurée en 40 par Vichy.

Journal

Il n'entre jamais un journal chez moi. C'est absolument défendu. Jamais, jamais. S'il y a une guerre, je le saurai toujours. Un tremblement de terre, je serai dans le coup, s'il est dans le quartier.

(Voir aussi *Presse à scandale*.)

Jules Berry ***

Un perdu. L'odeur des courses et des salles de jeu. Quelqu'un qui a pris des risques. C'était un acteur rare : regardez la façon

* Production de Darryl F. Zanuck, 1962. Voir aussi *Zanuck*.

** Film de Marcel Carné, musique de Maurice Jaubert, février 1939.

*** Le Diable dans *Les Visiteurs du Soir*.

dont il présente ses mains dans *Les Visiteurs du Soir*... C'est la partie d'échec de ce film qui m'a fait y rejouer.

Ce qu'il allait faire était toujours inattendu. C'est ce qui faisait son charme, mais il n'improvisait pas du tout quand il avait un vrai texte d'auteur. Une légende, ça! Il aurait parlé anglais, les américains l'embarquaient.

(Voir aussi *Les Visiteurs du Soir*.)

Julien Carette *

On peut toujours courir pour trouver un comique comme lui! C'était une sorte de petit génie à l'accent inimittable. On ignore qu'il avait pourtant obtenu un deuxième prix de tragédie! J'aurais voulu le voir dans les trucs de Musset à l'Odéon, il devait être insensé. En dehors de cette particularité, il restaurait les fresques des cathédrales, mais, d'un naturel mystérieux, il n'en parlait jamais. Mon intuition me porte à croire que dans cinquante ans, le public ne remarquera plus ceux qui jouaient auprès de lui. On verra Carette, uniquement. Tant pis pour ceux qui étaient auprès de lui!

Julien Carette est, avec Henri Brenstein, l'homme qui m'a le plus possédée par le rire. Une fois, il m'a fait un tel numéro dans les coulisses, qu'en entrant en scène, prise de fou rire – la seule fois de ma carrière – on dut baisser le rideau. Bernstein était plein d'indulgence... quand la pièce n'était pas de lui.

Justice voir *Révolution*.

* Auteur dramatique à succès, de 1914 jusqu'aux années-guerre de 1939.

K

Karajan (Herbert von)

J'ai ressenti Wagner pour la première fois en 1941 à l'Opéra. On y donnait *Tristan et Iseut*, dirigé par Karajan. Avant, j'avais vu les plus grands concerts, par les plus grands types, mais je pensais plutôt à mes affaires. Et là, pour la première fois, je me dis : « Ah! Qu'est-ce que c'est que ça? ». Je comprenais enfin. Karajan était pourtant très jeune à l'époque.

Kisling (Jean)

C'était un être exceptionnel. De cœur. Il travaillait beaucoup, mais chez lui, il y avait du rire. C'était toujours la fête. Tous les mercredis, il présidait dans son atelier un déjeuner de femmes : Colette de Jouvenel, Eva Bush, Edith Méra... Il y avait toujours aussi des tas de types qui venaient pour le taper. Ils ne s'en allaient jamais sans rien avoir. Chaque fois Kisling sortait du pognon. Il l'avait en lui cette générosité, cet homme-là. C'était une vraie solidarité, une institution avant la lettre.

Au départ, je le connaissais comme ça, « bonjour, bonsoir ». Il avait un atelier rue Joseph-Bara, où il avait recueilli

Modigliani à la fin de sa vie. Parce qu'il m'avait vue pour ainsi dire nue, sortant d'une baignoire, dans une opérette, il n'avait pas eu à prendre de gants avec moi! C'était une joie de poser pour lui et puis c'était amusant. Il me lisait ses lettres et on parlait de tout. Il parlait toujours beaucoup pour animer les gens. J'ai fait une dizaine de séances avec lui pendant deux mois. Son *Grand Nu* se trouve aujourd'hui à Genève.

Après, je l'ai revu très souvent. Je me souviens encore lorsqu'il est sorti du *Fouquet's* en 1939, avec son ami Bérard. Ils portaient tous les deux des masques à gaz. Ce sont bien les seuls porteurs de masques que j'aie jamais vus! Il est vrai que l'étui pouvait servir de boîte à pinceaux...

Krach de 1929

Après 1929, la fin d'un monde, la fin des illusions : tout a foutu le camp. Ça a traîné jusqu'en 1935-1936, mais ça a sonné le glas des garçonnières et des femmes entretenues, déjà concurrencées par les femmes du monde...

L

La Callas

Une tragédienne qui méritait bien ce « La ». Elle s'est inventé des gestes qui l'ont rendue inimittable.

La Goulue

Ah! La Goulue, je l'ai vue plusieurs fois. D'abord en 1905, dans la barraque d'un dompteur : elle faisait la parade, maillot bleu, fouet en main. Elle avait commencé avec une ménagerie à la porte Maillot, l'endroit chic de la fête à Neuilly. Sa grande baraque, peinte par Lautrec, est au Palais de Tokyo maintenant. Mais, après, elle est descendue, elle a eu sa dernière baraque au Pont de Neuilly. C'est là que j'allais avec mes petits copains. J'avais cinq ou six ans. J'avais entendu dire que ses lions avaient de faux crocs. Elle m'a prise par la culotte pour me les présenter de plus près; ç'a été ma première trouille. Je poussais des hurlements. Les autres riaient et se moquaient de moi. En 1916, je l'ai croisée par hasard sur le quai du métro Châtelet. Elle portait un tablier de marchande de fleurs. Je l'ai embrassée.

Lavater (Johann Kaspar) *

Je « lavatérise » beaucoup sur les individus. Je crois toujours à la première impression. Y a des types, en les voyant, on a beau essayer de réagir, de dire que c'est idiot de se fier à ça, on finit par avoir des ennuis avec ces gars-là!

La Viscosa **

J'y suis la dernière égérie de la IIIe République, montée en société anonyme, entretenue par tous les ministres, les escrocs, les maîtres-chanteurs de l'époque et habillée par Madame Rasimi – la femme qui déshabille le mieux les femmes – que Rip, admirativement, appelait : « Rasemimi ».

Liberté, Égalité, Fraternité

Sur toutes les portes des cimetières de France, on lit : Liberté. Point. Égalité. Point. Fraternité. Point. Vous voyez d'ici les types en train de danser la java, libres, égaux, et fraternels! Vous voyez un peu la bringue qu'ils peuvent faire, la nuit, en toute liberté? Chacun interprète les mots à sa façon.

Légion d'honneur

Je n'aime que les boutonnières vierges. Je regrette une seule chose, c'est que la seule réponse qui convienne ait déjà été faite par Marcel Aymé. Il a souri et il a dit : « Vous pouvez vous la carrer dans le train! ». Ce que j'aurais aimé pouvoir dire ça!

* Écrivain, penseur et théologien allemand, 1741-1801. Célèbre pour ses théories sur la Physiognomonie.

** Comédie de Rip, *Théâtre du Palais-Royal*, avril 1931.

Lily Damia *

J'ai joué avec elle au *Théâtre des Capucines* dans : *Où allons-nous?* une revue de Rip et de Briquet, en janvier 1925. C'était un drôle de mélange, cette femme-là. Elle parlait un français très curieux. Elle avait un charme fou et puis les plus jolies jambes que j'ai vues. D'ailleurs, la Mistinguett l'avait foutue à la porte du *Casino de Paris*... Rip lui avait fait de très jolis rôles. Et elle dansait avec chic. D'ailleurs, elle ne devait pas s'attarder au théâtre; elle devait avoir d'autres préoccupations.

Je l'aimais beaucoup comme camarade. Elle était ce qu'on appelle « sexy », sans rien montrer, ou le moins possible. Nous avions la même loge, alors, qu'est-ce que je voyais défiler comme play-boys, comme gens riches et tout ça... C'était la future femme d'Errol Flynn.

Livres

Je leur dois tout. Si j'ai réussi dans ma carrière, c'est grâce à eux et à l'habitude que j'ai toujours eue de ne dormir que cinq heures par nuit. Je ne m'endormais d'ailleurs jamais sans lire quelques pages d'une œuvre maîtresse, à mes yeux du moins.

Louis Jouvet

Je ne peux pas dire que j'étais très liée avec lui. Je l'ai rencontré pendant le tournage de *Hôtel du Nord*. Gentil, oui. Drôle, c'est autre chose! Mais c'était garni « là-dedans ». Il était très fort. Il faut l'être pour s'imposer comme ça.

* Comédienne française.

Louis XIV

Ma bête noire! Il ne parle ni de papa, ni de maman. Au contraire, il révoque l'Édit de Nantes. Et aussitôt Mazarin mort, il déclare : « L'État, c'est moi ». Il a cru s'en tirer devant l'Histoire en disant à son petit-fils : « J'ai trop aimé la guerre ». Il avait fait joujou jusqu'à soixante-dix-sept ans...

Lutteuse

Je suis née lutteuse. Je préfère dire : « Vive le taureau! ». Dans l'arène, c'est le taureau qui m'intéresse toujours.

Luxe

J'étais faite pour le luxe. Mais il ne fallait pas que ça m'enlève l'indépendance. Le fait d'être fille de mineur ou d'être née à Courbevoie n'a rien à voir. Le luxe, je l'aimerais encore si c'était dans mes moyens. Mais perdre son indépendance pour une Rolls, sûrement pas! L'indépendance c'est difficile, ça amène à ne pas faire carrière. Ma vie à moi a été faite de hauts et de bas. Les gens pépères, organisés, n'ont pas de hauts et de bas. Moi, je veux bien être organisée dans ma tête, et je crois que je le suis, mais pas dans la vie... Ce que je déteste le plus, ce sont les rupins qui jouent les fauchés! Ceux qui font l'apologie du gros rouge et des paumés alors qu'ils ont leur Rolls au garage. Moi, j'ai gagné et dépensé sans tristesse...

M

Madeleine Renaud voir *Otage (un)*.

Mae West *

La dernière allumeuse : feu partout!

Main **

Donne-moi la main que je te voie.

Maisons closes

Fermer les maisons closes, c'est plus qu'un crime, c'est un pléonasme.

* Actrice américaine - 1892-1980 – qui faisait figure de phénomène et qui défraya la chronique par ses frasques, ses répliques à l'emporte-pièce et ses caprices.

** A Christian-Jacque.

Maisons d'angle

Pour moi, elles sont néfastes, les maisons d'angle. D'ailleurs, on dit « arrondir les angles ».

Malheur

Le malheur, c'est la maladie. Tout le reste c'est de la blague : le soleil se lève, quoi qu'on fasse...

Manège

Dans ma tête tout revient parfois, tout tourne. Un vrai manège!

Marcel Aymé

Il n'y a pas un auteur dramatique qui ait son originalité. Il est hors série. C'était quelqu'un qui vous bluffait. C'était pas le type des hochets. Supérieur à tout ça *. Il a inventé un système : *La Tête des autres* c'est pas possible, c'est nouveau, c'est extraordinaire. Quand on se tient comme cela élevé, ça donne du superbe. Il aimait les sommets, celui-là. Je ne suis jamais allée chez lui. Il parlait peu, rarement. Oh! du goutte à goutte. Il avait les paupières en capote de fiacre. Il était très élégant. C'est difficile de ne pas l'admirer, mais, moi, je ne suis pas juge. C'est un choix, voilà.

Fin 1946, invitée chez Ploquin, je suis placée entre Georges Neveu et lui, toujours muet comme Buster Keaton. A la fin du dîner, on prend la même ligne de métro. J'allais descendre à Georges V quand tout à coup il me lance :

– Vous avez été épurée?

* Voir aussi *Légion d'honneur*.

– Oui.

– Moi aussi.

Les voyageurs sont restés soufflés.

Du moment qu'on sort indemne d'un danger, quel qu'il soit, on ne doit jamais en parler qu'à titre anecdotique.

En voulant me faire jouer dans sa pièce : *Lucienne et le Boucher*, Marcel Aymé a voulu montrer que c'était lui qui me demandait de remonter sur les planches. C'était chic de sa part, mais j'ai refusé par honnêteté et il a très bien compris; ça n'était pas pour moi, parce que je ne suis pas un personnage physique. Je ne suis pas celle qui peut dire : « Boucher, viens dans ma chambre, et avec tes sabots! ». Il n'y a rien eu de ça dans les films et dans les pièces que j'ai interprétés. En acceptant, j'aurais déservi une chose excellente. Le public se serait dit : « C'est pas du tout pour cette femme-là », alors que Valentine Tessier a été merveilleuse.

Marcel Carné

Je l'ai découvert dans *Pension Mimosas* en 1934. Il était l'assistant de Feyder. Je dis que c'est le Karajan du 7e Art. Un sou neuf, celui-là. Il commençait le matin, impeccable. Le soir, il était pareil. Il dirigeait par cœur la partition qui lui était confiée, en grand chef. De plus, il créait un climat magnétique dans ses films. Celui qui aurait eu l'idée de filmer ses tournages aurait fait fortune.

Marcel Herrand *

C'est le seul acteur dont j'aurais dit : « Je veux jouer avec lui ». Avec lui, j'avais une complicité. Il était très curieux... Avec cela une jolie voix, beaucoup de charme et un côté poker de la vie. C'était vraiment un chéri.

* Il a notamment interprété le personnage de Larcenaire dans *Les Enfants du Paradis*.

Marcel Jouhandeau

Chaque fois qu'il touchait à quelque chose, c'était un chef-d'œuvre. J'ai toujours pensé qu'il n'avait pas d'imagination; d'ailleurs, il le disait lui-même, mais quel extraordinaire reporter! Quel œil! Quelle sagacité! Quelle pénétration! Quel écrivain! Dès qu'on lui apportait des faits, il devenait génial. Dans *Trois crimes rituels*, il voit au-delà des faits qu'il représente. Ce sont pour lui des actes de magie, des manifestations presque pures, dans leur horreur, de l'esprit du mal.

Il m'avait dédicacé un de ses livres : « Tu es mon cantique ». Mais ce qu'il a peut-être écrit de plus beau, c'est ce qu'on a trouvé sur la photo de Jean Bastien-Thiry : « On voudrait pour soi avoir un aussi beau visage, une âme aussi pure et mourir injustement ». C'est à mettre dans toutes les anthologies. Rien que pour ça, on l'embrasse.

Marcel Proust

J'aurais pu connaître Proust par Reynaldo Hahn et des tas d'autres copains. A vingt ans près, c'est ma génération. Mais moi, Proust... Je dis comme Céline : « C'est de la littérature de malade ».

Marges

Qu'est-ce que ça peut me faire de savoir qu'un homme est pédéraste ou une femme lesbienne? Moi, ça ne me choque pas du tout. C'est dégoûtant de s'occuper de la vie sexuelle des gens. Le plus important c'est de rencontrer le bonheur. Je suis pour un régime libre. L'amour libre – c'est d'ailleurs une belle formule – je suis pour.

Mariage : voir *Rebelle*.

Marie Bell : voir aussi *La Garçonne*

C'est la dernière tragédienne française. Je la considérais comme un copain. Un jour, elle me dit :

– Tu sais comment je passe mon pognon en Suisse?

– ...

– Tu ne trouves pas?

– En ambulance!

Nous nous sommes beaucoup aimées jusqu'à la veille de sa mort. Elle m'avait envoyé des fleurs huit jours avant. J'ai voulu les garder le plus longtemps possible, en souvenir. Je voulais les faire transplanter, mais il n'y avait plus moyen : elles étaient mortes.

Marie Laurencin

Elle est avec Colette, la femme la plus intelligente que j'ai connue. Un être enchanteur. Elle charmait qui elle voulait. Elle n'a pas été marquée par les hommes qui l'ont aimée, Apollinaire compris. C'est elle qui les a marqués. Elle m'a fait un portrait pendant un déjeuner : je portais un petit béret basque. Ce tableau se promène dans la nature comme ceux de Bérard.

Marie Qu' a d' ça : Voir *Circonstances atténuantes*

Marilyn Monroë

Je l'ai beaucoup admirée. Dès ses débuts dans 7 *ans de réflexion*, on était frappé par sa présence, par son talent. C'était un phénomène qui crevait l'écran.

Marlène Dietrich : voir *Ange bleu*.

Martine Carol

C'était une excellente comédienne qui avait des yeux rares et un regard extraordinaire. Mais on sentait en elle quelque chose de dramatique. Elle portait en elle une marque. C'était une fille insatisfaite. Je la connaissais depuis Belle-Ile, puisqu'elle était dans *La Fleur de l'âge...*

Matisse

Je l'ai connu juste avant sa mort. Il m'avait invitée à passer chez lui à Vence. Il était très malade et peignait de son lit. Il travaillait à la maquette de sa chapelle. C'était un homme charmant malgré son air de P.-D.G. Il a fait de moi un croquis. Je portais sur la tête un foulard dessiné par sa belle-fille. Il a gardé ce dessin.

Maud Loty *

Ce prix de Conservatoire était un vrai monstre sacré, un phénomène adoré du public. Un petit diable mal embouché, une drôle de mutine, une rigolote. Gros nœud de taffetas posé sur sa frange. Sa bouche voltairienne semblait courir après son oreille.

Un soir, elle m'invite à dîner avec un riche protecteur. Comme je m'attarde sur le menu, elle me dit de sa voix irrésistible :

– Cache le nom des plats et choisis ce qu'il y a de plus cher!

Maurice Chevalier

Une voix à la canaillerie dosée. Un œil bleu d'enfant. Il donnait l'impression à chaque spectateur de ne chanter que pour

* Célèbre comédienne des années 30.

lui. Il entrait en scène comme un boxeur, sûr de mettre le public K.O.

Un soir, Mistinguett m'invite à dîner avec lui. Il était sur le point d'éditer ses mémoires. Très vite, nous parlons littérature!!! Il disait être stoppé par l'Antiquité. Moi, pas du tout. Éclectique, j'allais de Diogène à Trignol. Alors je dis à la Miss, qui servait des moules :

– Et vous Miss, la littérature?

– Moi, j' lis qu' les catalogues!

Elle n'avait de regards que pour Maurice. Je risque un :

– C'est fou l'amour qu'elle a pour vous!

Il sourit. Un temps.

– Oui..., depuis notre séparation, je me suis marié, j'ai eu des aventures, mais j'ai l'impression qu'elle me prête.

Max Dearly *

L'intelligence au service de la fantaisie. Une souplesse d'acrobate. Il dansait ses rôles.

Méchanceté

Je n'ai pas de méchanceté. Je suis rosse, peut-être. Méchante, non. C'est trop fatigant, il faut se donner du mal. La méchanceté, ça se construit et je suis trop paresseuse pour ça. La rosserie, c'est léger. La méchanceté, c'est solide, il faut bien monter son truc. Ah! non, je ne perds pas mon temps avec ça. Pourtant les gens méchants, ça existe. Oh! la, la! Mais je m'en balance. Ils ne me font pas peur. Je les plains.

Mélina Mercouri

La Jeanne d'Arc grecque!

* Lucien Rolland, dit Max Dearly – 1874-1943 –, comédien.

Mémoire

Vous vous rendez compte de la mémoire qu'il faut avoir quand on s'enlève dix ou vingt ans : savoir si, à telle époque, on a pu vivre, tels événements... Quelle comptabilité!

Mérindol *

Ce deuxième prix de tragédie triomphait dans les comiques. Amateur de spiritueux, elle meurt au champ d'honneur devant le zinc d'un bistrot.

Métallo

C'est un beau mot. J'aime! Pour moi, métallo, rime avec aristo.

Métier

J'aimais mon métier. C'est un très grand métier. Mais je crois que je préfère le mot profession. Il ne faut pas croire aux louanges. Il faut surtout travailler. C'est toujours à recommencer.

Je ne suis pas de celles qui disent : « Oh! Comme j'aurais aimé jouer tel rôle ». Non, je choisissais parmi ceux qu'on m'offrait. Jamais je n'ai dit : « J'aurais aimé jouer dans *La Dame aux Camélias* ». Non, jamais! Pas du tout mon truc.

On n'a pas le trac devant la vie. Tandis que là, des gens vous ont choisie. Ils ont payé pour vous voir. Alors c'est sérieux, très sérieux.

Sacha disait à tout le monde : « Aime ton métier, c'est le plus beau de tous ». Il était optimiste pour les vidangeurs...

* Comédienne célèbre dans les années 30.

Metteurs en scène

Ces types, il faut qu'ils connaissent tout. La principale qualité d'un metteur en scène doit être de faire confiance à l'acteur. C'est à lui de créer une véritable collaboration entre les différents acteurs et toute l'équipe. Le génie de Carné, c'était de savoir s'entourer d'une équipe fabuleuse. C'était un véritable chef d'orchestre. Il y en a un que j'ai beaucoup aimé au théâtre : Raymond Rouleau. Il maîtrisait son métier à la perfection.

Michel Simon

C'est l'acteur avec qui j'ai le plus joué au théâtre, sans compter les films. Je n'aurais jamais joué autant avec lui si je ne l'avais pas aimé.; ça finissait par faire un couple, lui et moi... Nous étions mari et femme de théâtre. Un grand partenaire, celui-là. Mieux, un ami. Pourtant, entre nous, il y a eu des bagarres terribles. C'est ça qui est drôle : il doit y avoir des hauts et des bas avec un gars pareil. Ce sont presque des rapports passionnels... J'ai roulé ma bosse passionnément avec Michel. J'ai regardé la vie avec lui. C'est quelqu'un, monsieur Simon. S'il m'avait déplu, je n'aurais pas joué avec lui, rien ne m'y obligeait. Ce que je peux dire tout de même, c'est qu'il n'apportait pas la joie sur les tournages.

C'était une très grande présence. Il disait de sa gueule : « Mieux vaut celle-là que pas du tout ». C'était vrai; quand on arrive avec une gueule comme ça, on a déjà gagné 50 %. Sa performance, c'est qu'il pouvait jouer *Théodore cherche des allumettes* avec une barbe de patriarche, et on y croyait.

Dans *Les Joies du Capitole* *, il faisait des tas de trucs, mais ça ne me troublait pas du tout, au contraire. Il était synchro avec sa gueule, mais j'en avais vu d'autres. Alors un jour, comme il entrait dans une armoire pour faire des effets ou des trucs comme ça, je m'arrête sur scène et je dis au public :

* Opérette en 2 actes, *Théâtre de la Madeleine*, février 1935.

– Mais qu'est-ce qu'il fait? Il ne doit pas aller dans l'armoire.

Et à lui :

– Qu'est-ce que tu fous dans l'armoire?

Alors là, il n'avait plus de répliques. Il était vert. Il devait me redouter, il pouvait pas me battre dans le culot, c'est pas possible.

Quand, après *La Michodière*, nous avons transporté la pièce au *Théâtre de l'Étoile*, Michel était pour ainsi dire directeur et il y avait des histoires tous les jours. Il était donc en Claude avec son petit slip de femme en dessous de sa tunique, et il planquait la recette là-dedans. Les danseuses n'étaient pas payées sans ça... Bref, un jour, il y a eu une bagarre, avec moi bien sûr, toujours en Agrippine. Michel est rentré dans sa loge et s'est enfermé. Je me suis dit que ça n'allait pas se passer comme ça et j'ai frappé à sa porte, en le traitant de tous les noms. J'aurais pu même me faire mal. Il était avec ses copains – je l'ai su après et il disait : « Laissez-là, laissez-là... », croyant que j'allais pouvoir entrer et me battre avec lui. Il ne cherchait que ça. Mais qu'est-ce qui est arrivé sur ces entrefaites? Édouard Bourdet. Je le connaissais de vue. Il était critique à *Candide*, enfin c'était le grand Bourdet, distingué et tout, et j'étais un peu gênée. Alors, je lui dis bien poliment :

– Bonjour, Monsieur.

Il m'a répondu :

– Bonjour, Mademoiselle, le moment n'est peut-être pas très bien choisi, mais je viens vous proposer une pièce avec Michel Simon!

C'était donc *Fric-Frac* *. Quelle rigolade!

Je me suis beaucoup occupée de mes costumes dans cette pièce. C'était Mme Lanvin qui m'habillait. Michel ne se souciait pas tellement de son habillement, alors un jour, je l'ai traîné dans un grand magasin, avenue de la Grande Armée et je lui ai choisi un costume de sport. Comme ça, on était bien assortis. Le soir de la couturière, j'avais un peu le trac : vous savez les cou-

* Comédie d'Édouard Bourdet, *Théâtre la Michodière*, octobre 1936.

turières chez Bourdet, c'étaient de grandes premières. Donc, juste avant d'entrer en scène – sur le tandem –, je dis à Michel :

– Ton costume est parfait et moi, comment je suis?

Il se retourne et me dit :

– C'est fou ce que tu ressembles à Zaza!

Zaza, sa gueunon chérie, qu'il venait de perdre.

Là-dessus les trois coups et le trac habituel. Je pense à Zaza. C'était gagné : c'était une guenon qui entrait en scène...

A la fin de la pièce, curieuse, je lui demande tout de même :

– Mais en quoi est-ce que je ressemble à Zaza!

– Par la coiffure!

C'est vrai, j'étais aussi brune qu'elle et nous portions toutes les deux la frange.

Michel l'avait présentée pendant *Les joies du Capitole*. C'était une grande guenon mi-chimpanzé, mi-orang-outang; ensemble écossais, bracelet-montre, gants, sac à main, chapeau – on en portait encore, – accompagnée de son « homme de chambre ». Chez Michel, elle décrochait le téléphone, mimait une conversation. En voiture, elle actionnait le klaxon à tort et à travers. Tout cela avec de beaux yeux tristes. Quand il l'a perdue, il râlait tout le temps, mais moi je disais : « C'est pas une raison pour foutre tout le monde en deuil! Une guenon qui disparaît, y en a une autre qui revient ». Mais je le savais malheureux malgré tout. Alors un jour, je lui dis :

– Michel, je sais ce qui t'arrive. C'est affreux, c'est abominable.

– Oui, je sais.

Là-dessus, je l'embrasse. Alors, il me dit :

– C'était plus qu'une maîtresse, c'était une femme!

Et pan, je l'embrasse à nouveau.

Lors de la reprise de *Fric-Frac* en tournée, je n'avais pas voulu reprendre mon rôle. Michel avait repris le sien. Le climat s'est vite dégradé. Elvire Popesco m'a appelée à Paris :

– Il s'est mis brusquement à faire du chantage. Il me demande une augmentation exorbitante et s'il ne l'obtient pas, il quittera la tournée...

– Faites croire à Michel que je reprends mon rôle avec Carette.

Quelques instants plus tard, Elvire me rappelait :

– Je vous remercie... Tout est réglé!

Michel était intelligent, cultivé, mais mal dans sa peau. Milliardaire pleurnichard, il a toujours crié misère tout en planquant à Genève d'admirables collections de joaillerie, d'estampes, de gravures, d'éditions originales, de dessins érotiques. C'était aussi un collectionneur d'excentricités, du style godemichés, mais pas agressives.

Milieux

J'ai connu tous les milieux : l'industrie, la banque, les paumés... J'ai tourné des obus. Mais pour ça, comme pour l'enfance, il faut « gazer » si vous voulez le raconter, autrement ça fait mélo!

Milliardaire

Ça doit être horrible, pour un milliardaire, de revoir les horreurs qu'ils a commises pour amasser son pognon et de le claquer en réalisant qu'il était une ordure...

Mimétisme : voir *Napoléon*.

Miroir : voir *Cure d'intoxication* et *Seine*.

Misère

La vraie misère, c'est d'avoir été incompris et d'avoir fait son chemin seul.

Mistinguett

La Miss, c'était un personnage irrésistible. Je la place dans la catégorie A. D'abord, j'admirais le boulot de cette femme-là. Quelles sont les femmes qui pouvaient faire ce qu'elle faisait sur scène? Elle avait une santé extraordinaire. Une force de la nature. Les jaloux disaient qu'elle avait trente-six dents. C'est possible, mais ces quatre dents supplémentaires lui ont diablement réussi!

Elle était formidable. Elle observait. Jamais vulgaire non plus. Elle avait même beaucoup de grâce dans ses mouvements et de jolies mains, de jolis pieds, de jolis gestes. Elle portait sur la tête des kilos de ferraille, de plumes et de diamants, sans perdre l'équilibre! Et puis elle vous disait des trucs extraordinaires, des trucs comme ça : « Ne mets jamais de talons plats, ça descend le derrière ».

A quatre-vingts ans, d'Athènes elle m'envoie la photo d'un jeune et bel evzone. Au dos : « Mon dernier amoureux! ». Au Caire, elle n'échappe ni aux Pyramides, ni au Sphinx. Pour cette excursion, elle exige qu'on donne son nom à un chameau, l'un d'eux ayant été baptisé « Cécile Sorel »... La voilà donc perchée sur ce roi du désert. Arrivée devant le Sphinx, elle l'interroge : « Et alors? ».

Un jour, nous sortions toutes les deux du *Coucou*, un restaurant à la mode, près de l'avenue de l'Opéra. On se promenait toutes les deux et tout à coup, je vois un jeune parisien très gentil qui fait « Oh! La Miss... Oh! Quelle joie! ». Alors, moi, j'embrasse la Miss et je lui dis : « C'est merveilleux de voir qu'on vous aime comme ça ». Et puis on continue. On fait peut-être cent mètres et on croise un type qui dit : « Oh Arletty! ». Et elle : « Quel con! ».

Voir aussi *Maurice Chevalier*.

Mitterrand (François)

Avec sa gueule de beau croupier : « Faites vos jeux, Messieurs, rien ne va plus. »

Molière : voir *Cinglés*.

Monstres Sacrés (Les)*

C'était un peu le sujet de *All about Eve* : l'histoire de la jeune qui arrive et qui prend le rôle de l'ancienne; ça été mon dernier luxe au théâtre. Une belle sortie!

Montel

J'ai joué avec lui dans La Danseuse éperdue ** au *Théâtre Édouard VII* en 1924. C'est le seul comédien pour lequel je suis allée coller mon nez derrière le portant pour le voir jouer. Il n'avait peut-être pas l'intelligence de tous les grands acteurs de l'époque, mais il tuait tout le monde quand il entrait... Dans *Mon gosse de père* *** les gens partaient une fois sa scène terminée. Je n'ai jamais vu ça, pour aucun acteur.

Lucien Guitry et Sacha l'admiraient beaucoup. Sacha a voulu le faire travailler au cinéma, mais il avait perdu la mémoire. On lui écrivait les répliques sur un tableau noir, mais ça ne marchait pas. Il aurait certainement été un Buster Keaton en Amérique.

Mort

Chaque soir, avant de m'endormir, je me demande si je me réveillerai le lendemain, mais sans aucune tristesse. Je me dis : « Est-ce que je ne vais pas être trop tocarde, mon pyjama n'est

* De Jean Cocteau, représentés aux *Ambassadeurs* en 1966. Voir aussi *Et le rideau sur la scène est tombé*.

** Comédie de René Fauchois.

*** Comédie de Léopold Marchand, *Théâtre Michel*, octobre 1925.

pas mal... ». Tout ça. Je pense à ces détails. Je n'ai pas peur de la mort. Je ne la vois pas noire. Je l'attends, venant me prendre par la main, elle et moi de blanc vêtues.

J'aime à ce sujet deux phrases que je me répète tous les matins. Une de Racine, surtout, qui interroge : « Est-ce un si grand malheur que de cesser de vivre? ». Et une autre de Céline : « La vie n'est qu'une ivresse, la vérité, c'est la mort ».

Et puis, vous savez, vous mettez trois morts, l'un à côté de l'autre : un milliardaire, un président, un paumé.... Trois jours après : faut se boucher le nez.

(Voir aussi *Passage*.)

Mots que je ne dis jamais (Les)

Faut le faire. Ras–le–bol. Show biz. Sympa. Génial. Fan, au lieu de fanatique. O.K., à la place de d'accord. Et gros bisous ou grosses bises, jamais naturellement et pas davantage que les diminutifs : Titi, Toto, Tata, bébé, coco...

Musique

J'aime les opérettes troussées joliment, le jazz – Armstrong, Duke Ellington... – ou alors *Viens Poupoule*; ça me plaît autant que Mozart, Beethoven, Ravel, Reynaldo Hahn...

Mythe

Arletty un mythe? J'ai déjà entendu ce mot-là il y a quelques jours. Faut que je me plonge dans le dictionnaire! Et comme on m'a fait l'honneur de m'y mettre et qu'un Monsieur de chez Larousse me l'a envoyé, je vais pouvoir répondre...

Vous savez, les gens me traitent de ça, mais au fond,

je ne pense pas le valoir. Je n'ai aucun mérite. Ce sont ces rôles qui participent à ma légende. Pas moi. Ça flatte bien sûr, et puis, ça fait toujours plaisir qu'on s'occupe de vous. Mais, c'est peut-être l'affaire d'une génération. Et puis, il faut justifier le mythe, et le vivre...

N

Naissance d'un turban

Je changeais fréquemment de couleur de cheveux. Un après-midi, la fantaisie me prend de passer de l'albinos à l'aile de corbeau. Le lendemain matin, je trouve sur l'oreiller une petite boule noire, réplique de mon crâne, lequel était nu. Il ne me restait plus qu'à porter turban. Turban auquel je couds d'adorables boucles blondes.

Puis je pars pour Londres voir une opérette à grand succès. Je suis à peine installée dans mon fauteuil que l'ouvreuse exige le retrait de mon turban. Je refuse. Mes camarades ignorant ma calvitie me forcent à retirer ma coiffure. Fou rire dans la salle. Mais quand on a vingt-trois printemps...

Napoléon

Au début de ma carrière, je ne quittais jamais le plateau, même quand je n'avais rien à faire. Je m'asseyais et j'observais. Un jour qu'on filmait un plan de *La Garçonne* * accordé par Suzy Solidor, je m'aperçus qu'un inconnu me regardait avec

* Film de Jean de Limur, scénario d'Albert Dieudonné, d'après le roman de Victor Margueritte.

insistance. Sans doute s'étonnait-il de mes étonnements? Je pris l'air blasé d'une vieille habituée des studios et je lui dis, d'un ton connaisseur :

– Amusant, n'est-ce pas?

Il haussa les épaules :

– Oh, vous savez, quand on a commandé 6 000 hommes dans la plaine de Marengo... il en faut davantage pour m'épater.

Et il tourna les talons.

Sidérée, j'interrogeais Jean de Limur :

– Qui est-ce?

– C'est Napoléon, me répondit-il très sérieusement.

Je me pinçai, croyant rêver ou être devenue folle. Jusqu'au moment où une âme charitable m'apprit que mon interlocuteur était Albert Dieudonné, le Bonaparte du Napoléon d'Abel Gance, *mon* futur Napoléon de *Madame Sans-Gêne* en 1941.

Née

Je suis née l'année où Zola écrivait : « J'accuse ». Je suis morte avec mon père.

Nefertiti

Je suis une iconoclaste, mais je fais une exception pour Nefertiti qui me fascine par sa beauté et surtout par son intelligence. C'est sous son influence, dit-on, qu'Amenophis entreprit une réforme qui consistait à faire travailler les prêtres, à faire bâtonner les percepteurs d'impôts par les contribuables, à contraindre les médecins à donner leurs soins gratuitement et à conseiller aux femmes d'avoir au maximum deux enfants, au lieu d'une douzaine...

Ni. Ni. Ni...

Je ne suis ni pro, ni anti. J'aime ou je n'aime pas, mais avec humour.

Ninon de Lenclos

Le plus beau nom de courtisane. On comprend qu'elle ait connu les encyclopédistes.

Nostalgie

La nostalgie, c'est de la littérature. C'est un mot qui fait bien, surtout dans la bouche d'une femme.

O

Odeur préférée

Mon odeur préférée? Peut-être celle d'un champ de trèfles.

Objet

La pensée se perd quand les objets l'envahissent.

Offense

Je pardonne les offenses qui me sont faites, pas celles faites à mes amis.

One Two Two

Un *Ritz* de super luxe mondialement connu, au 122, rue de Provence. J'y fus invitée, avec des amis triés sur le volet, à entendre « Madame », douée d'un filet de voix, entourée de belles pensionnaires hautement vêtues, murmurer « Parlez-moi d'amour », en expertes. Les chambres s'appelaient : Tahiti, San Francisco, Chandernagor... Ça dépaysait le client. Un no man's land, ce 122, avec sa place, son clocher, sa mairie, sa poste.

Rien à voir avec le *Casanova,* avenue Rachel, la boîte la plus triste de l'époque, en face du cimetière : on avait déjà un pied dans la tombe...

Ondes

J'écoute tout. *France Musique*, c'est bien. *France Culture* aussi, mais je suis étonnée, on n'y parle jamais de Rabelais. Moi, je l'adore. Alors, qui le connaîtra, puisque je n'entends rien sur ce type-là? J'écoute donc tout, le jour, la nuit. La nuit c'est presque plus amusant : on saute d'une station à l'autre. Il y en a pour tous les goûts; ça devient souvent dégueulasse. J'ai remarqué aussi que plus on chante sur les ondes, moins on chante dans la rue.

Opium : Voir *Cure d'intoxication.*

Oraison funèbre

Le jour de l'enterrement de la belle-mère de Trignol * :
« Quand on pense qu'elle montait pour une canette et une thune et qu'il faut six cents balles pour la descendre! ».

Origine

– Arletty, vous êtes d'origine modeste?
– Pas modeste, d'origine.

Ordure : Voir *Milliardaire.*

* Voir aussi : *Trignol.*

Otage (Un) *

C'était une très bonne pièce, une pièce de poète. C'est Jean-Louis Barrault qui me l'a offerte. Je dis offrir, car pour une actrice, une pièce vaut un bijou. J'allais donc finir où j'aurais pu commencer **. J'y ai retrouvé Pierre Blanchar. Une grande émotion. Je n'avais pas joué au théâtre avec lui depuis *Knock Out* *** en 27. Il s'est comporté merveilleusement avec moi; ça pourra surprendre, car il avait été un grand résistant. Il est mort quelques temps après, mais il n'était pas du tout en fin de carrière, il pouvait encore aller très loin. J'ai eu également la joie de jouer avec Madeleine Renaud pour la première fois. Une grande actrice qui dirige aussi bien son théâtre que sa voix.

* Comédie dramatique de Brendan Behan, *Théâtre de l'Odéon*, 1962.

** Voir aussi *Hasard*.

*** Pièce de Jacques Natanson et Jacques Théry, *Théâtre Édouard VII*.

P

Pantalon

Enfant, chez mon boucher, je me refusais à demander un kilo de pot-au-feu dans la culotte, je trouvais plus poétique : « Dans le pantalon ».

Paradis

Une absence de soucis.

Paradoxe

C'est alors que j'ai donné ma confiance que je commence à me méfier de moi-même. Paradoxal, mais c'est comme ça.

Parents

On me proposerait cent mille parents que je choisirais toujours ceux que j'ai eus. Je les ai admirés, c'est peut-être ça ma chance.

Paresseuse

Mon indifférence vient surtout de ma paresse. Je suis née paresseuse. D'ailleurs, c'était un dimanche et j'ai toujours préféré une semaine de paresse à un bijou.

Paris

Je ne peux pas dire ce que je préfère dans Paris : j'aime tout. Même sa crasse!

Pas folle la guêpe : voir *Circonstances atténuantes.*

Passage

La seconde du passage de la vie à la mort : effort indicible comme si, enseveli, on voulait lever la pierre du tombeau.

Paul Gauguin : voir *Tahiti.*

Paul Guillaume : voir *Hasard.*

Paul Morand

Par les yeux, il était plus chinois que Mao, et il avait les jambes tellement arquées qu'on cherchait le cheval partout.

Pauline Carton

Je l'ai très bien connue. Nous avons même tourné ensemble avec Sacha *. Elle était issue de la grande bourgeoisie : c'était la

* Dans *Désiré,* 1937.

fille d'un ingénieur qui avait travaillé avec Eiffel. C'était une personnalité. Elle habitait toujours l'hôtel, rue de Rivoli. Elle y avait, je crois, 7 000 bouquins. C'est d'ailleurs elle qui faisait les recherches de Sacha à la Bibliothèque Nationale. D'une très grande érudition, elle était précieuse pour lui. Bien sûr, avec les rôles qu'on lui a donnés, on ne s'attend pas à ça. Elle avait aussi une somptueuse poitrine.

Pauvreté :voir *vrais problèmes.*

Peinture

J'ai une grande admiration pour la peinture, avec une prédilection pour le Charles VII de Fouquet. Ce roi m'intéressait : demi-frère de Jeanne d'Arc, il eut un père fou et pour mère, Isabeau de Bavière. Le tableau est une merveille. C'est une interrogation. J'allais au Louvre une fois par semaine pour le voir. C'était à me faire remarquer, parce que le type qui était dans la salle devait se demander : « Qu'est-ce que c'est que cette bonne femme? ». Il croyait peut-être que j'allais l'embarquer?

Petit Poucet

On devrait avoir des petits cailloux comme le Petit Poucet afin de marquer tous les fous rires que l'on peut avoir ensemble.

Petit truc bleu

Ce que je cherche chez les gens? Un cœur, une sensibilité, quelque chose. On peut être fortiche, mais il faut un petit truc bleu. S'il n'y a pas de petit truc bleu, c'est rien, c'est construit, c'est mécanique, c'est organisé.

Peuple

Le peuple reconnaît un des siens en haut de l'échelle, quand il l'a vu gravir un à un tous les échelons.

Peur

Je n'ai pas peur. Jamais. Je ne connais pas la peur, sauf celle des rats. Oh! le rat, ça me domine. Pas les hommes, mais les rats, parce qu'ils sont très fortiches, eux.

Philopédie

Quand on me dit : « Il n'en est pas », je ne pense jamais « de l'Académie »; je pense « de la philopédie ». Il est vrai que l'un n'empêche pas l'autre!

Philosophie : voir *Cinglés.*

Photographie

La photographie que je préfère par goût, celle de l'ouverture des *Enfants du Paradis*, quand je suis dans le puits. Mais j'aime beaucoup aussi celles de D'Ora *, de Corbeau et de Voinquel – un type immense.

Picasso

Ses yeux ressortaient de son visage. Ils étaient étranges, très beaux, troublants. Il est venu chez moi, quai de Conti, en

* Voir aussi *D'Ora.*

1942, en même temps que Cocteau et Maurice Chevalier. Il avait un chien afghan famélique. Il aurait vendu une seule toile, il pouvait nourrir un régiment! Mais c'était peut-être sa race, d'être maigre, à ce chien-là... Au dîner, naturellement, c'est Cocteau qui a le plus parlé.

Pilule

Naître ou ne pas naître : pilule or not pilule.

Pléonasme : voir *Maisons closes.*

Poètes

Ce qu'il y a de plus rare! Rien dans les mains, rien dans les poches. Je place les poètes au-dessus de tout. Les plus grands : Baudelaire, Verlaine, Rimbaud, Prévert. Pas loin derrière eux, Carco.

Pognon

Le pognon, c'est zéro. Si vous avez une jambe de bois ou un cancer généralisé, que peut être le reste à côté? Moi aussi, j'aime le pognon, je l'aime bien, mais on ne classe pas les gens parce qu'ils sont très riches ou qu'ils gagnent du fric. C'est affreux ça, c'est la rupture avec le cœur.

Il me semble que maintenant le mot argent est bien plus prononcé qu'avant : argent, argent, argent, c'est moche! Je plains la jeunesse qui écoute des trucs comme ça.

Poker

Je suis très poker dans la vie. Il faut la jouer, en assurer les risques.

Politique

Je suis apolitique, mais le mot « populaire » me plaît bien. Ma mère était une tordue de la politique. Moi, elle ne m'intéresse pas du tout. Elle sépare trop les gens, elle incite trop à la haine.

« Brûle ce que tu as adoré et adore ce que tu as brûlé » : Aujourd'hui notre Président baise la main de son ami allemand et lui dit : « Tu as de beaux yeux, tu sais... » C'est vraiment une histoire faite pour les fadas.

Pomme d'Adam : voir *Égalité des sexes.*

Pont de l'Alma

J'avais un copain clochard qui s'entêtait à vivre sous le Pont de l'Alma. Un jour, je lui demande :

– Qu'est-ce que tu as à t'entêter là-dessous? Regarde, t'as rien. Tu ne peux pas mettre un petit lit-cage, tu peux pas te laver, alors qu'à l'Armée du Salut, tu serais bien arrangé, tu aurais ton p'tit déjeuner, ton linge repassé...

– Oui, mais j' suis dans le XVIe!

Popularité

Le vrai mystère, c'est la popularité. Il y a peu de gens populaires. Souvent, on peut donner une cote, un box-office, dire : « ils valent tant... ». La popularité, c'est autre chose, ça ne se dose pas. On ne l'analyse pas et ce n'est pas lié à l'exercice du métier d'acteur. Et puis, il ne suffit pas d'être aimé du public, il faut encore savoir accepter de l'être.

Portrait a contrario

Les gens entêtés, les êtres dociles, ceux qui marchent à tout, et ceux qui ont peur, voilà ce qui est à l'opposé de moi, ce que je n'aime pas. Moi, j'ai une défense et je suis toujours en attaque. Je l'étais toujours, même à la scène ou au cinéma. J'avais un emploi féroce. Dans la vie, c'est la même chose, j'attaque; ça irrite les gens, je le comprends bien, mais ça m'est égal, je suis comme ça.

Possession

Pas le goût de la possession, mais horreur des dettes. Je n'emploie le possessif que pour les maladies.

Premiers pas sur la lune

Après son viol par Armstrong, cette grande dame du ciel semble chiper ma célèbre réplique d'*Hôtel du Nord*, épuisée avant d'être éditée. Jeanson, toujours Jeanson, même dans la lune!

Présence d'esprit : voir *Valéry à Henri Mondor*.

Presse à scandale

Je ne trouve ces feuilles-là qu'aux chiottes et mon cul ne sait pas lire.

Prétention : voir *Se reproduire*.

Professeurs

Curieux, il y a des professeurs de tout, mais pas de classe.

Projets

Je ne fais pas de projets. Les types qui en font me font bien rigoler! Ils vont avaler leur acte de naissance et se retrouver comme tout le monde au cimetière.

Propreté

Les personnages qu'on m'a donné au cinéma étaient propres, même quand c'était une fille publique.

Proverbe préféré (mon)

Ce proverbe arabe : « Quand tu auras trouvé ton rythme, tu auras connu ton Dieu ».

Public

Je sais ce qu'est le public. Je sais qu'il peut être aussi féroce qu'il peut être gentil, mais cela me fait ni chaud, ni froid. Le regard de quelqu'un qui ne sait pas qui je suis m'émeut infiniment plus : ça va à la femme plus qu'à l'actrice.

Aujourd'hui, le public ne rouspète plus. Il n'attaque plus. C'est fini. Avez-vous déjà entendu une salle manifester contre du mauvais théâtre ou du mauvais cinéma? Avez-vous déjà entendu un spectateur se lever et dire : « Qu'est-ce que c'est que ce galimatias? ». Jamais. Jamais. Ce qu'on entend tout au plus à la sortie d'un spectacle, ce sont des réflexions du genre : « Quelle idiotie! ». Mais ça ne va pas très loin. Autrefois, on se battait pour le théâtre.

Publicité

Je trouve ça énorme. Imaginez que si j'avais fait vaguement parler de moi par la publicité, lorsque je débutais, le directeur du théâtre ou l'auteur m'auraient fichue à la porte.

Aujourd'hui, on crée n'importe qui avec la publicité. Je ne comprends même pas pourquoi on n'essaie pas de créer rien du tout, ça serait pourtant très amusant de lancer quelqu'un qui n'existerait pas! On ferait un grand tapage, il y aurait une générale, les gens arriveraient, le rideau se lèverait et il n'y aurait rien, ni personne sur la scène! Le public trouverait peut-être ça très bien.

Pudeur : voir *Vicieuse*.

Q

Qualités majeures

Être honnête envers soi et envers les autres. Pour les femmes, la discrétion et la pudeur. Le culot m'amuse.

Que demande le peuple

Je n'aime pas cette expression. Je préfère « humain » à « peuple ». De toute manière, on est tous à la même enseigne.

R

Racine

Celui que j'admire par-dessus tout au théâtre; avec Beaumarchais.

Raimu

Un géant du théâtre, le plus grand de sa génération. Tous les dons : physiques, tragiques, comiques, bouffons. Passant de l'un à l'autre, sans effort. Il avait le génie involontaire de l'acteur; ça ne s'apprend pas. Il n'avait rien à faire pour donner l'émotion. C'est ce qu'il y a de plus rare; ça ne s'explique pas. On la donne ou on ne la donne pas. Raimu avait la force de l'intonation. Il avait sa « voix de ville » et sa « voix de scène », comme beaucoup d'acteurs. Quelquefois, il arrivait à mélanger les deux. Quand il était sur le point de piquer une colère, on avait l'impression qu'il pensait : « Vous allez voir comme je joue bien la colère! ». Quand on a un orgue comme ça dans la vie, tout est permis. C'est à lui que je dois mon goût pour le théâtre. Et puis il avait quelque chose de très poétique ce type-là, son nom même est drôle, ça fait diable qui sort d'une boîte. On l'a dit radin. Il ne l'était pas, mais le laissait croire, ça éloignait les tapeurs!

Rats : voir *Peur.*

Rebelle

Rebelle, oui, au mariage et au tutoiement. Je n'ai jamais voulu me marier : pour être veuve de guerre ou faire un soldat? Vous voyez, j'ai poussé très loin ma chose contre la guerre.

Redoutable

Sacha s'amusait à me dire :

– Vous êtes redoutable.

Il avait eu autant de femmes qu'il y a de républiques. Pour ne pas me tromper, je lui demandais :

– Sous la première? sous la deuxième? etc.

A l'époque d'Yvonne Printemps, je parlais « du temps de la Saison »; à celle de Charlotte Lyses, « du temps d'pomme »...

Règle absolue

Ma règle absolue : ne rien considérer de manière dramatique. D'ailleurs, dans la vie tout me fait rire.

Régulière

Je reçois, en 1948, cette lettre, de l'ex-ministre Rudolf Scheiler, me demandant pour le procès de la dénazification par les autorités allemandes de déclarer qu'en octobre 1943 je lui avais demandé une intervention en faveur de Tristan Bernard et de sa femme, arrêtés par la Gestapo et dont il avait obtenu la remise en liberté en quelques jours. Régulière, je lui ai envoyé le certificat demandé, légalisé. J'aurais trouvé indécent de me servir de cette intervention en 1944.

Reine de Saba

Dans *Les Perles de la Couronne* *, j'interprétais le rôle insolite de la Reine de Saba, la Perle noire. J'avais un python autour de corps, un vrai, qui passait le soir à Médrano. Je n'ai jamais eu peur des reptiles, j'aurais aimé que celui-là bouge, mais Sacha a refusé.

Répliques

J'ai dîné, j'ai soupé en ville, ce n'est pas ce que j'ai fait de mieux : ça n'améliore pas les répliques. Celle qui m'amuse le plus : le : « Nobody's perfect » que prononce Jack Lemmon travesti dans *Certains l'aiment chaud.*

Réponses à

A *deux dames trichant de deux ou trois ans sur leur âge :*
– Quand l'une mourra, l'autre pourra faire sa valise!
A *Monsieur de** rapportant qu'une telle a fait 32 liftings :*
– Vous parlez des positions?
A *une octogénaire se plaignant de la longueur de la vie* :
– Le plus gros est fait!
A *cette autre question indiscrète :*
– Arletty, qu'avez-vous de plus que les autres?
– Un secret.
– Pouvez-vous dire quel secret?
– Ben non, puisque c'est un secret!

Réussite

J'ai la réussite calme et la chute insolente.

* Film de Sacha Guitry et de Christian-Jacque, 1937.
** Qui préfère garder l'anonymat.

Révolution

Dans une révolution, ce qui est à redouter ce n'est pas l'injustice, c'est la justice.

Revues

A mes débuts, dans mes revues, ça m'avait frappé, j'avais toujours les doublures des hommes. Rip me dit un jour : « Tu vas doubler Pierral, tu vas faire Citroën ». Bon, j'apprends bien mon rôle : c'était sur la fameuse 2 CV. J'étais habillée en petit mécano et j'avais une petite citroën dans les bras comme un enfant et je chantais :

Ô! vous tous piétons,
Qui marchez sans trêve,
Faites un beau rêve (...)
Car c'est la meilleure,
La meilleure de toutes les autos.

Mes écrous et mes moyeux
L'ardeur de mes essieux
Le p'tit moteur,
Dont je suis le seul inventeur,
Tout ça, c'est pour vous...
etc.

Reynaldo Hahn

Ce n'était un personnage pittoresque, je dirais plutôt d'une grande originalité.

Rip

Il a tenu la scène parisienne pendant trente ans. L'homme le plus spirituel que j'ai connu. Tant pis pour les autres! C'est à lui que je dois ce que je sais de mon métier... C'est ma plus grande admiration. Je faisais partie de son clan. Ses mots, ses yeux nous amusaient. Il était féroce avec les gens. Il appelait Giraudoux : « La Giraldose, la toilette parfumée des dames », le collier de chien en diamants que portait la directrice du Palais-Royal : « son cache-siècle »... De Mistinguett dont on disait : « A soixante-dix ans, elle tient le coup! », il demandait : « Avec qui? ». Il disait de telle autre femme, amoureuse de Raymond Rouleau : « elle n'est pas au bout de son Rouleau! ». Quand au danseur de la Miss, Leslie, il l'appelait : « Lesla! ».

Il n'était pas seulement faiseur de calembours, c'était un grand revuiste, doublé d'un polémiste. Une scène de lui valait trois actes d'un auteur à la mode.

(Voir aussi *La Viscosa*.)

Rire

Tout dans la vie est une question de savoir rire. Le rire, c'est ma thérapie. Une journée sans rire est une journée perdue. L'amour, l'amitié, c'est surtout du rire avec l'autre. C'est partager le rire que de s'aimer.

Risques

J'ai fait ma vie. J'ai pris tous les risques, même le risque des yeux.

Robert Le Vigan

Je le connaissais avant-guerre. Il a été un de mes meilleurs amis. Moi, j'aime ces excentriques-là et je me fous de ce qu'on peut dire d'eux. On disait qu'il était un peu fou; moi je peux dire qu'il était aussi très drôle et parfois capable d'une amitié très tendre. Il a été très ami avec Céline. C'est lui qui a payé. L'amitié d'un grand homme est un méfait des dieux.

Roger Hubert *

Je l'ai rencontré pour la première fois lors du tournage de *Pension Mimosas* de Jacques Feyder en 34. Je l'ai beaucoup admiré. Il aurait mérité qu'on parle davantage de lui. C'était un des plus grands chefs opérateurs, le Léonard de Vinci du cinéma français.

A l'époque, où la technique n'était pas ce qu'elle est aujourd'hui devenue, un opérateur, c'était très important, il pouvait vous tuer une femme en lui donnant 100 ans comme un rien...

Rois en rupture de couronne

Chez *Fyscher,* rue d'Antin, le cabaret le plus extraordinaire d'Europe, on voyait des rois en rupture de couronne. Un soir, on en comptait trois se faisant vis-à-vis. On m'affranchit : « Espagne, Roumanie, Grèce ». Moi, flegmatique :

– Mais c'est la Foire du Trône!

Rôles

Au cinéma, il faut pouvoir rire, pleurer, parler au coup de sifflet. Les prises de vue au studio ont quelque chose de

* 1903-1964; a fait une dizaine de films avec Arletty comme directeur de la photographie ou comme chef opérateur. *La Garçonne,* 1935; *Le petit chose,* 1938; *La femme que j'ai le plus aimée,* 1942; *Les visiteurs du soir,* 1942; *Les Enfants du Paradis,* 1944; *Portrait d'un assassin,* 1949; *L'air de Paris,* 1954; *Le voyage à Biarritz,* 1963.

mouvementé comme une partie de rugby. Vous figurez-vous ce que cela peut être de tourner dans le brouhaha d'un studio, les nerfs tendus? On cherche, on veut trouver quelque chose de drôle. Croyez-moi, avoir de la fantaisie à l'écran, c'est bien plus difficile qu'à la scène. Au théâtre on joue, au cinéma, c'est joué. Vous semblez être dans une cage de verre, celle du magasin de bric-à-brac. Les premiers temps, malgré toute votre ardeur à vouloir être drôle, vous cherchez surtout une porte salvatrice qui vous permettrait de fuir... Pendant un tournage, c'est le réveil à 7 heures du matin, la route dans la brume. Au studio, c'est la grande volière où, disait un monsieur fort bien, et peut-être très empressé à plaire, « les rêves prennent leur essor! ». On parle souvent de rêve au cinéma. On y parle aussi de chimères... Moi, je n'ai jamais rêvé, mais j'ai connu quelques chimères : les films projetés et qui ne se réalisent jamais. Voilà la vraie fantaisie du cinéma!

Romans

A part les grands, d'instinct, je ne vais pas vers ce genre de livres. Ah! vous pouvez dire que je ne suis pas proustienne, mais Marcel Aymé et Céline, oui. J'ai également une admiration à part pour Flaubert. J'aime surtout le penseur du *Dictionnaire des idées reçues*.

Rosse : voir *Méchanceté*.

S

Sacha Guitry

Un jour, nous visitons le cimetière de Gênes. Nous entrons au Columbarium où gisent quelques cercueils vides. Notre cicérone nous invite à dire quelques mots, car l'écho est unique. Discrètement je fredonne : « Je t'ai rencontré simplement... » qui me revient extraordinairement purifié. Sacha enchaîne alors de son plus beau grave : « Et tu n'as rien fait pour chercher à me plaire! ».

En 45, il me demande en mariage. C'était gentil de sa part, mais j'aurais été la cinquième. J'allais pas commencer avec lui. Alors je lui ai dit :

– Oui, à condition que le Pape nous marie.

A quoi il a répondu, avec sa fameuse intonation :

– Ce n'est pas impossible...

Une autre fois, je l'accompagne en représentation à Vienne. Pendant tout le voyage, je lui rabats les oreilles en chantant : « Wien, Wien, du Wien, allein... ». « La suite, la suite », répétait-il.

Le soir de la première de *Faisons un rêve*, j'étais dans une avant-scène à l'Opéra. Sacha entre, et, tourné vers moi, il lance : « Wien, Wien, du Wien... ». La salle, debout, l'acclame. Je me lève aussi. Je lui aurais fait une sale blague si je lui avais dit : « La suite, la suite! »

Une de ses meilleures répliques, celle que je préfère, sa réponse à la question : « Quand avez-vous été arrêté? » :
– Le jour de la Libération.

Saint

Y a un saint qui manque au calendrier : « Saint Fric »!

Saison

Ma saison : le printemps, l'éveil de la nature.

Sans gêne

A quatre ans, déjà, j'étais sans gêne, une véritable emmerdeuse, oui. Et ça m'est resté. On ne perd pas ce genre de qualité!

Santé

Une seule rage de dents et vous comprenez ce qu'est la santé!

Sarah Bernhardt

Je l'ai vue dans *La Gloire* de Maurice Rostand. Elle a imposé un système : une diction dentale. Elle martelait toutes les syllabes. On la comprenait du parterre au paradis. Elle avait avait aussi sa musique pour chanter les vers. Elle ne perdait pas un pouce de sa petite taille. Quand elle se servait d'un cercueil comme sac de couchage, ça n'ajoutait rien à sa gloire.

Scandale de Deauville

Dans *Le Scandale de Deauville* * de Rip et Gignoux – satire sur le snobisme qu'il y avait à ne pas voir la mer à Deauville – j'incarnais Élise, une soubrette chez les « repus ». Quelques répliques m'y valurent l'hommage d'un spectateur. Je reçus ainsi dans ma loge une débauche de fleurs exotiques, suivie de la fleuriste qui me remit une lettre et une petite boîte cachetée de rouge :

– C'est pour un enterrement?

– Non, Mademoiselle, c'est l'hommage d'un admirateur, le Prince Aga Khan.

Dans l'écrin, un bracelet souple en diamants bleus qui me vaut ce mot de Rip : « Il vaut son pesant d'or ». Mais, moi, j'étais fascinée par les fleurs, pas par les diamants. C'est pas mon hobby, les diamants, ça ne me correspond pas. Et puis, des plantes hindoues, j'avais jamais vu ça de ma vie. Quant au bracelet, à force de faire des allers et retours au « clou », il a fini par y rester accroché.

Secret de Jouvence

Mon secret de Jouvence : la bonne conscience. Il n'existe pas de meilleure crème. C'est comme le Paradis, c'est avoir sa conscience absolument tranquille : la certitude de n'avoir jamais fait souffrir quelqu'un. Partir pur. Mais qui peut être sûr de n'avoir jamais fait de saloperie?

Seine

La Seine, cette marchande de rêves, mon premier miroir. Sa couleur, celle que mon père voyait dans mes yeux. Ma mère y lavait son linge face au Temple d'Amour.

* *Théâtre des Capucines*, octobre 1920.

Se reproduire

Je n'ai jamais voulu avoir d'enfants de peur de faire un petit soldat, un militaire, un tueur. Fabriquer de la chair à canon, non merci! Si on était sûr de faire l'enfant rêvé, ce serait merveilleux... Faire un être idéal qui n'aurait ni mal aux dents, ni mal à la langue, ni mal aux oreilles. Là, j'aurais signé tout de suite. Mais se reproduire, non. Je trouve que c'est d'une trop grande prétention : « Oh! il a les yeux de papa, il a le derrière de maman, il est aussi con que grand-père... ». Mon frère, qui n'était pas un con, disait toujours : « Un nouveau-né, c'est toujours un futur mort ».

Shakespeare

Avant de m'endormir, je prenais *Le Marchand de Venise* : « L'homme qui n'a pas de musique en lui, que n'émeut point le concert de deux sons, est propre aux trahisons, aux stratagèmes et aux rapines. Les mouvements de son âme sont mornes comme la nuit et ses affections, sombres comme l'Érèbe. Défiez-vous d'un tel homme ». Ce fut ma dernière lecture. Au matin du 11 novembre 1966, je me réveillai. Je n'y voyais plus.

Siècle

Je suis née le 15 mai 1898. Si le diable me faisait vivre jusqu'à l'an 2000, j'entrerais dans mon troisième siècle!

Ma préférence va peut-être au Moyen-Age. Il nous a d'ailleurs bien rendu service. Regardez, dans *Les Visiteurs du soir,* ce que Prévert est parvenu à dire sous l'Occupation simplement grâce au recul dans le temps. L'histoire transposée en 1943, le film aurait été interdit.

Si que je serais roi *

Pauley m'y sortait cette réplique :

Je vais avoir un cinéma,
ça m'a toujours passionné :
Y'avait l'homme qui assassina
Je s'rai l'homme qui a son ciné.

Solitude

J'aime beaucoup la solitude, je la recherche. Depuis toujours. Quand j'étais enfant déjà, j'aimais me retirer pour méditer. Dès l'âge de six ans, on disait de moi : « Qu'est-ce que c'est que cette gonzesse qui médite? Elle est con! ».

Sondage

En 1941, un indiscret me demande :
– Gaulliste?
– Non, gauloise.
A un second indiscret :
– Vous avez la foi?
– Non, j'ai les foies.

Souhaits pour l'avenir

Que l'esprit vive, que la connerie meure.

Souffrance

Vous connaissez le mot de Voltaire : « Mon Dieu, préservez-moi des souffrances physiques, des morales, je m'en arrangerai ». Eh! bien, moi, c'est pareil.

* Revue de Rip et Gignoux, *Théâtre des Capucines*, février 1921.

Souvenir le plus frappant

Je faisais mes premières armes dans la carrière. Je n'étais pas comédienne, puisque je jouais au music-hall, je n'avais qu'un tout petit rôle et, naturellement, je n'étais pas très riche. Lorsque ma mère tomba malade, je dus continuer à travailler. Un soir, elle mourut : une phtisie galopante, comme on disait alors.

Je l'adorais. Elle était tout pour moi. J'éprouvai une grande douleur de sa disparition. Pourtant je dus, le soir même, aller jouer. Personne n'était prévu pour me remplacer dans mon rôle. Il n'était pas question pour le directeur d'interrompre sa revue, même pour un seul soir. Je ne pouvais pas priver mes camarades de leur gagne-pain.

Avec une grande douleur au cœur, j'ai dû prendre le chemin du théâtre, me maquiller et jouer des sketches comiques. Pour me donner du courage, je songeai à ce tragédien antique qui, venant de perdre son fils, et devant jouer le désespoir, entra en scène en portant dans ses bras l'urne contenant les cendres de son propre enfant. Jamais il n'avait été si bouleversant, dit la légende. Mais, moi, pauvre petite actrice, je ne connaissais que la nécessité et je dus faire rire et faire rire. Je tins le coup jusqu'à la fin. Quand je sortis de scène, étourdie, revenant sur terre, je pus enfin pleurer tout mon saoul.

Star

Ce mot-là, je ne le comprendrai jamais, même dans la tombe. On est artiste ou on est comédien. Point. Y a pas de star qui tienne. Et puis, pourquoi ce féminin? Ce qu'il faut, c'est émouvoir le public par l'émotion.

Stavisky (Sacha)

Le « beau Sacha », mes camarades se le disputaient. Moi, je visais plus haut.

Suicide

Personne n'a le droit de l'analyser. Quand on souffre, tout est pardonnable. Tout.

Suzy Solidor

C'était un cas unique, cette femme-là. Elle était très belle. Elle intéressait tous les peintres. Quelle est celle qui n'aurait pas voulu être faite par les plus grands artistes, les Derain, les Kisling...? On la peignait à l'œil, on la choisissait, mais elle n'en tirait pas vanité du tout. Y a pas une femme milliardaire qui se serait permis ce truc-là. On ne voit plus de gens comme ça. Elle avait dans son cabaret une centaine de portraits qu'elle a donnés au Musée de Cagnes.

Pas n'importe qui, Suzy : une femme très sympathique, intelligente, très belle, à la peau et au teint superbes. Elle descendait de Surcouf. Le portrait de son père. C'était même comique : on riait quand on les voyait de profil, parce qu'il l'a reconnue très tard, à la mort de sa femme. A cette époque, on pouvait pas reconnaître un enfant naturel. Je pense que la maman était femme de chambre. Elle l'adorait.

On admirait Suzy pour sa gueule, sa voix. Elle a chanté : *Lili Marlène* comme personne. C'était formidable. Son cabaret était aussi très agréable. Malgré tout ça, on n'a pas parlé d'elle. C'est incroyable, alors qu'on fait des plats pour des bonnes femmes à la noix...

T

Tact

La politesse du cœur.

Tahiti

A Tahiti, tout est de Gaugin. Les peintres qui y sont allés ont fermé leur boîte. Matisse, tous! On entre là, un homme, un poulet, un petit cochon, c'est Gaugin! Les voiles, les bateaux, c'est Gaugin! Est-ce le Pacifique qui l'a copié? Gaugin a lâché Tahiti parce qu'il s'y emmerdait, et il est allé aux Marquises. Mais c'était pareil et il s'y emmerdait tellement qu'il écrivit à Van Gogh qu'il peignait la Bretagne sous la neige!

Ce qui m'enchante chez les Tahitiens, c'est qu'ils sont contemplatifs. Ils passent des heures à suivre la chute des feuilles dans l'Océan. Après un cataclysme dans lequel j'aurais perdu tous mes amis, c'est à Tahiti que j'aimerais attendre la mort.

Talent

Pour parodier Sacha Guitry : « Don de Dieu, de don de Dieu »!

Télégramme à Monseigneur Villot

Quand il a été nommé Cardinal – il était en même temps Primat des Gaules – j'ai envoyé ce télégramme : « Chapeau! ».

Il a dit qu'il était inutile de regarder la signature. Il savait que c'était Arletty.

Tenue

Ce qui m'épate le plus, la tenue. Tout le monde peut en avoir, quelle que soit son origine sociale.

Téléphone

La stupidité des gens, c'est de croire qu'on ne rappellera pas. Si c'est important, on le fait.

Tempête sur Paris *

Carette devait y dire : « Pauvre France! ». C'était en 39. On ne savait pas ce qui allait arriver. Personne n'a eu l'esprit de remarquer que les Allemands sont entrés dans Paris au moment où au *Marignan* on a projeté : *Tempête sur Paris*! Je chantais :

Pitié, Ernest, pour une faible femme!
Sentez mon sein palpiter de passion!
A ce péché, perdition de mon âme,
Faudrait-il que nous succombassions?
Vos bras musclés sur votre cœur me serrent

* Film de Bernard Deschamps (mai-juin 1939). Première représentation : 3 avril 1940.

Avant l'hymen? Ernest, vous êtes fou!
Je perds la tête... et le reste. Ah! ma mère!
Éloignez-vous, Ernest, Ernest, éloignez-vous!

Erich Von Stroheim et moi figurions en bonne place sur l'affiche. On a d'abord enlevé son nom. A la Libération on a redonné le film : délicate attention, on a supprimé le mien. Ce n'était pourtant pas moi qui avais déclaré la guerre...

Teilhard de Chardin

Un Pascal au petit pied. Difficile après lui d'attaquer le même sujet!

Théâtre

Le théâtre, un jeu de tennis. On se lance la balle tous les soirs. C'est la bataille quotidienne avec un public qu'il faut conquérir. C'est lui qui m'a tout appris. J'y suis venue vierge... Je veux dire déformée par rien et ça m'a permis de garder mon indépendance de chat. Au début, je ne voulais pas y rester, ça ne me plaisait pas, c'était de la curiosité. Je ne m'occupais pas de mes rôles qui étaient insignifiants. Ce qui m'intéressait : l'analyse de la pièce. J'assimilais à tel point les critiques, que je pouvais en parler dans un déjeuner comme si je les avais vues. Je recommande cet exercice.

Tiercé

Mon tiercé : La Fontaine, Pascal et Walt Disney.

Toc

–

Quel souvenir voudriez-vous qu'on garde de vous, plus tard?
– Elle n'était pas si toc que ça!

Tournage

J'ai l'impression que, si sur un tournage il existe une ambiance terrible, si les gens ne s'aiment pas, ça ne va pas, ce n'est pas un beau film. Il faut vraiment qu'il y ait de l'amour. Le meilleur exemple : *Les Enfants du Paradis.* Il n'y avait rien d'autre que la joie de faire un très grand film.

Trac

Je suis une « traqueuse » de théâtre. Une « traqueuse », c'est une femme qui a le trac. Il y a des actrices qui vous disent qu'elles ne l'ont jamais. C'est de la blague! La mère Simone, par exemple, qui dit un jour à Sarah (Bernhardt) dont elle jouait les rôles : « Ah! moi, je ne connais pas le trac. » Et l'autre lui répondit : « Vous verrez quand vous aurez du talent... ».

Le trac c'est personnel, ça ne s'explique pas. Moi, je l'avais de la première à la dernière représentation et j'appellerais plutôt ça de la conscience professionnelle permanente. Antidote : nerfs d'acier. Et comme je disais à ceux qui l'avaient le plus : « N'y a pas de catastrophe avec ça. Y a rien. Les morts au théâtre se relèvent toujours! ».

Trignol *

Trignol épuré « pour avoir fréquenté Arletty » :

– Comment pouviez-vous voir Arletty, vous, Trignol?

– Évidemment, j'aurais préféré qu'elle soit avec de Lattre de Tassigny...

Comme il était grand chef de la figuration avant-guerre, il en profitait pour placer sa femme analphabète partout. Un jour, sur un tournage à la Bastille, elle s'arrête, regarde au sommet et dit :

– Ce qu'ils devaient être serrés, les prisonniers, là-haut!

* A notamment collaboré à *Fric-Frac* d'Édouard Bourdet.

Elle avait toujours des sorties à elle, cette femme-là. Celle-là, par exemple :

– Comme dit l'autre : « To be or not to be », on ne peut pas être et avoir été...

Troisième République

Qu'est-ce qu'elle a à son actif! Le gaz, l'électricité, le chemin de fer, l'auto, l'avion, la radio, la télévision, les Impressionnistes, les Futuristes, les Cubistes, les Surréalistes, etc.

Troisième sexe

Une femme-soldat, pour moi, c'est un troisième sexe.

Trompé(e)

Être trompée? Cela ne me touche pas. On n'a pas besoin d'un amant pour nous comprendre.

Truc

Dranem avait un truc : quand le texte était grivois, ou pas trop bête, il chantait les yeux fermés. Ses conseils m'ont été précieux.

Voir aussi *Oraison funèbre.*

Types

Dans la vie, peu m'importe qu'un homme ne soit pas beau, pourvu qu'il ait le cerveau garni. Dans la consommation, le cerveau peut être petit et je préfère un athlète.

Une femme, il faut qu'elle ait un cœur, une âme. Les belles mômes, je vais les voir au *Louvre* ou au *Casino de Paris.*

U

Uniforme

Un uniforme : celui des pompiers! J'aime leur devise : vaincre ou mourir.

Univers quotidien

On vit quinze ans dans un immeuble. Sur cinquante locataires, on en connaît trois! Des quarante-sept autres, on ignore le nom, la naissance. Un jour, sur le palier, on croise un cercueil. On demande qui est mort : – « Votre voisin ». On n'arrive pas à donner un visage à ce mort. Et cependant, depuis quinze années, on n'était séparés que par une mince paroi...

Un Tramway nommé désir *

Je revenais au théâtre après une sortie qui n'était pas ordinaire... C'est à Pierre Lazareff, un ami de mes débuts, que je dois le *Tramway*. Je ne rentrais pas avec des types qui auraient

* Adaptation de Jean Cocteau. Mise en scène de Raymond Rouleau. *Théâtre Édouard VII*, octobre 1949.

pu me jeter des carottes, des machins et tout ça : tout le monde a été correct avec moi, mais le premier jour où je suis montée, de la salle à la scène, j'ai eu un choc. Six ans hors de la scène, c'est long!

Cette pièce m'avait plu tout de suite. C'est un poète, Tennesse Williams. Il y avait cependant une petite chose qui me tracassait. J'avais à dire : « J'ai toujours suivi les étrangers... ». Il n'en était pas question : c'était bon pour se faire accrocher, ça n'était pas possible. On me répondit :

– Ah! non, c'est ça le texte, on ne peut pas le changer.

Mon truc à moi, quand je ne voulais pas quelque chose, c'était de m'en aller. Alors tant pis, je suis retournée dans ma loge, le béret basque sur la tête, prête à partir. On m'a rappelée :

– Et toi, qu'est-ce que tu dirais?

– Moi, je dirais : *j'ai toujours suivi des inconnus.*

Et c'est ce qu'on a fait et qui est resté dans la traduction française du livre!

C'est là que j'ai fait la connaissance d'Orson Wells. Il m'a même offert un petit tramway. Je l'ai toujours admiré comme acteur, c'était un grand et je dois dire qu'il s'est toujours comporté merveilleusement avec moi.

V

Vacances

Les gens pleins aux as, ils sont tout le temps en vacances. Ils s'emmerdent toute l'année. Les gens qui travaillent, ils en ont besoin et il faut qu'ils en profitent au maximum.

Valéry (Paul) à Henri Mondor

Au cours d'un déjeuner où je me trouvais, ce mot de Valéry : « La cause de la dénatalité en France : la présence d'esprit. »

Van Dongen

Le plus parisien des peintres, malgré ses origines hollandaises. Un de mes plus grands amis aussi. J'aimais l'homme, sa tête, son type même. Il venait souvent dans ma loge. C'est ainsi qu'il m'a demandé de poser pour *Belle Poule* qu'il exposa au salon des Indépendants de 1932. La *Belle Poule*, c'était le bateau que les femmes portaient sur leur perruque sous Louis XVI.

En 1931, il avait peint Anna de Noailles. Comme à l'époque, elle était très malade, je l'ai remplacée. Malheureusement, elle était très petite et je n'ai pas pu enfiler sa robe. Alors je l'ai mise devant moi et j'ai posé pour elle avec le grand cordon de la Légion d'honneur!

Vanité

La vanité, je ne connais pas. A mes yeux, c'est avec l'avarice, le pire des défauts. C'est tout ce qu'il y a de plus toc... C'est pas possible qu'une bonne femme aime s'entendre dire toute la journée : « Vous avez de beaux yeux, de belle jambes... ». Vous connaissez la formule : « Si elle est belle, on le dit une fois. Si elle est con, on le dit toute la soirée! ».

Vedette

Je n'ai pas de complexes. Et je ne suis pas une vedette. Je déteste ce mot-là. C'est un mot horrible, le plus laid qui soit. Un mot de producteur. Quand je pense à toute la publicité qu'on fait autour de ça! Quand on me traite de vedette, j'ai honte; ça n'a même pas de masculin. Imaginez pour un homme, quel ridicule : « Monsieur Z, la vedette de... »! Pourquoi pas : « Le vedet? ».

Vengeance

Il ne faut jamais chercher à se venger. Ni de la vie, ni des autres. La vie est tellement mieux que nos vengeances. Et puis, c'est terriblement orgueilleux de vouloir se venger, de faire sa petite justice personnelle. La vengeance? Il y a l'immanente. Un bon petit diable, à côté de moi, se charge de ça.

Vicieuse

Je suis une vicieuse de la pudeur.

Victoire de la Marne

En 1919, quand Armand Berthez m'a demandé quel nom je voulais adopter, j'ai cru qu'il allait avoir un infarctus :

– Victoire de la Marne.

– Allons, soyez sérieuse!

– Et bien, je laisse ça à votre imagination.

Je choisis quand même Arlette, le prénom de l'héroïne de *Mont-Oriol*, de Maupassant. Un de mes livres préférés. Mais pour mes rôles de « petite femme », Arletty convenait mieux. Pourtant j'aurais pu tout aussi bien m'appeler : « Nini-Patte-en-l'air... ».

Victor Boucher *

L'honneur de la profession. Le miracle du « rien faire ». L'autorité dans l'effacement. C'était un ange sur terre.

Vie

J'ai photographié la vie, j'ai eu cette chance. J'aurais aimé la dessiner. Hélas, je n'ai pas eu cette joie. Mais la vie m'a tout donné et le contraire de tout. Si, parfois, elle ne donne pas grand-chose, elle vaut de toute façon toujours mieux que rien.

Vieillesse

Je n'ai jamais dit, même à vingt ans, qu'une femme était vieille. D'ailleurs, je ne supporte pas qu'on dise « les vieux ». C'est un mot à bannir du vocabulaire. Je trouve ça honteux!

* Comédien – 1879-1942 – interprète, notamment, de *Fric-Frac* à *La Michodière* en 1936.

« Mes vieux », c'est encore pire, c'est affreux. Si des types n'ont rien dans le crâne, ils seront cons à vingt ans, comme à quatre-vingt-dix; ça s'aggrave, c'est tout... La chose intéressante à faire pour les vieux, ce serait d'apprendre aux jeunes à ne plus se servir de ce répertoire-là.

Vieillir

Je ne suis peut-être pas la bonne personne pour parler de ça. Vieillir, ne m'a jamais préoccupée. Faudrait que vous alliez voir d'autres gonzesses, ça marcherait peut-être mieux... Dans mon milieu, personne ne s'aviserait de me traiter de vieille, ça vaudrait une paire de gifles! Quant à mon vieillissement, je ne l'ai jamais vécu, parce que je n'y ai pas fait attention. Je n'ai jamais accusé le coup d'avoir 20, 60, 80 ou 90 ans. C'est trop bête. Si les bonnes femmes ne supportent pas de vieillir, alors il faut qu'elles se suicident, c'est plus simple, d'autant qu'on ne vieillit pas quand on s'élève. Ce n'est pas parce qu'on met une perruque à quatre-vingts berges, par exemple, qu'on rajeunit. On ne trompe personne sur ces choses-là...

Vin

Le vin ça remet l'homme sur la femme!

Visiteurs du Soir *

Tout m'enchantait dans ce film : le poème, la musique, les sites où on allait tourner. Et puis, il y avait trois atouts majeurs : Prévert, Carné, Hubert : quelles images il a pu faire celui-là! Ce fut un tournant dans ma carrière, un tournant

* Film de Marcel Carné; assistant : Michelangelo Antonioni, 1942. Grand Prix du cinéma français 1942.

d'emploi : je passais du personnage léger au personnage énigmatique. Quand Prévert a écrit *Les Visiteurs* ou *Les Enfants*, il a pensé à tous ses interprètes. Il savait que Gilles serait Alain Cuny et que Jules Berry ferait le Diable. On ne pouvait rêver meilleur diable. J'ai adoré la partie d'échecs et cette scène où il passe ses mains devant le feu. Berry était extraordinaire. Avec lui, à moins d'un incident technique, c'était toujours bon à la première prise.

Vivre avec des si

Ça ne sert à rien : « Si j'avais su, j'aurais... », « Si, si, si... »; ça chante, c'est tout. Il faut vivre avec soi-même, prendre parti de ce qu'on est et savoir en tirer parti.

Vondas

C'était un type très gentil qui s'était toqué de me faire revenir au théâtre. Un jour, il me dit :

– J'ai quelque chose pour vous : j'ai un film qui a brûlé, on me le rembourse, mais je dois le refaire avec d'autres interprètes, alors, je vous l'offre. J'ai dit :

– Qu'est-ce que c'est, ce film-là?

– *Dernier refuge*.

– Vous voyez la gueule que j' ferais de rentrer dans *Dernier refuge*?

– Alors qu'est-ce que vous voulez que je vous propose?

– La même équipe que celle des *Enfants du Paradis*.

– Mais vous me demandez quelque chose d'impossible!

– Oui, je sais bien que c'est impossible, mais je suis touchée par votre proposition parce que vous êtes très sympathique.

Un mois après, il revint et me dit :

– Ça y est, j'ai tout, du metteur en scène aux machinistes!

Y avait, c'est vrai, toute l'équipe, Prévert et tout et tout. C'était extraordinaire, ça nous a donné : *L'Ile des Enfants perdus*.

Vlaminck (Maurice de)

Il n'a fait aucun portrait de moi, mais il a donné mon nom à l'une de ses héroïnes. Son violon d'Ingres était, en effet, le roman policier.

Voyage au bout de la nuit : voir *Céline*.

Vrais problèmes

Les vrais problèmes? Le chômage et la pauvreté. Un jour, parce qu'ils sont délaissés, ceux-là se révolteront et tueront : on sera allé trop loin.

Vue

J'ai perdu la vue et j'ai été frappée dans ce que j'avais de plus cher. Je l'ai perdue comme d'autres ont un cancer, une arthrose, un accident d'auto et les deux bras coupés. C'est comme ça, inscrit dans ma vie : c'est la fatalité. Et puis, je me dis que j'aurais pu mourir à quarante ans d'une maladie atroce. Alors je suis vernie par le ciel, car je n'ai pas eu à souffrir de mes yeux, fort heureusement.

Bien sûr, après une chute pareille, le couronnement n'est pas beau. Mais la vie, je ne lui en veux pas. Elle m'a tout donné, avant. Du reste, la vie n'est jamais parfaite. Elle se trompe parfois... C'est arrivé. Le mal est fait; ça ne sert à rien d'épiloguer là-dessus. Je n'ai ni regret, ni remords, ce qui me permet de sourire encore. Et puis, ma plus grande richesse, c'est la philosophie : ne pas être autour de son nombril, être à l'écoute des autres, de ceux qui souffrent. Il me semble voir plus loin que tout le monde, voir jusqu'au-dedans des êtres. Grâce à cela, j'ai pu aussi éliminer la laideur et ne conserver que la beauté : les tableaux impressionnistes, le portrait de Charles VII de Fouquet ou le sourire de Mona Lisa...

W

Waterloo

C'est une gageure d'avoir choisi le 18 juin – anniversaire de Waterloo – pour faire appel aux Français.

X

Cette lettre, on la supprime, à cause de « xénophobie ».

Y

Yeux

Les yeux, c'est un mal noble, c'est celui d'Œdipe. J'ai eu un destin tragique. Ce n'est pas le destin de Garance, bien sûr, mais c'est un destin.

Yvette Guilbert

Elle faisait un tour d'intelligence et méritait bien d'être immortalisée par Lautrec. J'ai fait sa connaissance en 1936 dans *Faisons un rêve* dans lequel l'astucieux Sacha (Guitry) avait ajouté un prologue où figuraient les plus grands comédiens de l'époque. Au *Palace,* quand le public lui réclamait encore et encore *Le Fiacre*, elle avait le culot de dire : « Trop fin pour le quartier! ».

Yvonne Printemps

Elle fait partie des quelques voix du siècle, cette femme-là. C'est pas possible de ne pas s'incliner, de ne pas admirer un phénomène pareil. Et quel charme physique! De très beaux yeux, un très beau regard, des dents éblouissantes. Et puis elle dansait, elle chantait et jouait la comédie de façon remarquable. Elle m'appelait : « Arletty ». Moi, je l'appelais : « Printemps », parce que je trouvais ça tellement joli un nom pareil. Sacha m'a dit : « Après l'Amérique, je lui dois la moitié de ma fortune! »

Avec Pierre Fresnay, c'était des scènes fabriquées continuelles. C'était drôle : ils se jouaient des gens. En somme, ils se foutaient un peu du monde. Naturellement elle attaquait toujours ce mari acteur. Au cours d'un dîner, elle me dit :

– Vous ne trouvez pas qu'il joue démodé, Arletty? Il joue comme au Français, comme les ringards. C'est un vrai ringard, hein, Arletty?

Je baissai la tête, mais je lui ai répondu :

– Écoutez, vous me gênez infiniment, c'est pas possible de dire des choses comme ça.

Fresnay, lui, il riait. A un moment, il s'est penché vers moi et m'a chuchoté à l'oreille :

– Vous savez Arletty, elle me traite de vieux con, mais elle pense : « mon amour! ».

Z

Pour finir, ce mot auquel j'étais très sensible, de mon ami Jean-Pierre : « Plus on te connaît, moins on te connaît » et cet autre de Françoise Giroud : « Arletty, elle se fout de tout! ».

Cet ouvrage a été réalisé sur
Système Cameron
par la SOCIÉTÉ NOUVELLE FIRMIN-DIDOT
Mesnil-sur-l'Estrée
pour le compte des Éditions de Fanval
11, rue de Sèvres, 75006 Paris.
le 9 septembre 1988

Imprimé en France
Dépôt légal : septembre 1988
N° d'impression : 10164